DANIEL SARNE

LE CRIME DES PUISSANTS

L'affaire Mis et Thiennot

FRANCE LOISIRS
123, boulevard de Grenelle, Paris

Une édition du Club France Loisirs, Paris,
réalisée avec l'autorisation des Éditions Jean-Claude Lattès.

ISBN : 2-7242-9076-3

À Gérard Thibault,
héritier d'une cause juste,
mais bien lourde.

PROLOGUE

TANTE ANNA

Il sera question souvent d'Émile Thibault, au cours de ce récit ; sans sa fureur justicière, il n'y aurait pas eu d'affaire Mis et Thiennot. En 1980, il me raconta l'histoire de Tante Anna, peu après que nous nous fûmes rencontrés pour la première fois. C'est un destin à part, dans la chronique familiale, que celui de Tante Anna, la femme-servante de Sylvain Thibault, grand-oncle d'Émile.

On en sait peu sur cet homme, mais voici une anecdote. Sylvain était charron comme l'était son frère Henri, le grand-père d'Émile, comme le seront ses neveux. Il achetait ses bois à des particuliers, les coupait lui-même et les apportait aux scieurs de long, qui les lui débitaient. Son diable, tiré par une vieille jument, versa un jour dans le fossé, en haut d'une côte. Un passant s'approcha :

— Ah ! Monsieur Thibault, vous avez bourdi ! (« versé » en berrichon) Voulez-vous que je vous aide ?

Sylvain rétorqua :

— Mon ami, j'ai bourdi tout seul, je débourdirai tout seul, suis ton chemin.

Sylvain Thibault épousa Anna Élodie Pournin, le 21 novembre 1865 « par-devant le maire d'Heugnes, comte de la Tour du Breuil », selon la formule du registre de l'état civil. La cérémonie religieuse devait consacrer par la suite l'union des deux époux. Le comte, une fois le mariage conclu, dit à Anna, qui appartenait à sa domesticité depuis deux mois, qu'elle dormirait au château une dernière nuit. Anna obéit et laissa faire au maître ce qu'il voulut, au cours de cette nuit.

Le lendemain, Anna avoua la chose à Sylvain, qui lui dit :

— Tu comprends bien que désormais, il ne peut rien se passer entre nous, mais puisque que tu es ma femme selon la loi et si tu l'acceptes, tu peux rester chez moi, tu seras ma servante.

Sylvain Thibault avait vingt-cinq ans, Anna Pournin, vingt-quatre. Ils vécurent ainsi pendant plus de cinquante ans. Mais l'époux, s'il ne toucha jamais le corps de son épouse, se réserva le droit de disposer de sa dépouille.

Émile et moi, nous nous sommes rendus au cimetière d'Heugnes, dès la mise en route de ce *Crime des puissants*. C'était un après-midi ensoleillé de juin. Au haut de l'allée centrale, très pentue, on peut lire, gravé d'or sur le marbre noir d'un monument grandiose : « Jules Amable Huet, comte de la Tour du Breuil. Décédé au château du Rabry, le 13 juillet 1877, maire de Heugnes, de 1828 à 1877. Magistrat intègre et avisé, il présida pendant cinquante ans aux destinées de la commune pour le bien de tous. »

Nous avons pris sur la droite et encore sur la droite pour chercher, en redescendant parmi les sépultures le long de l'enceinte, celles sans doute plus simples de Sylvain et d'Anna Pournin. Lui a une dalle de pierre grise dans laquelle une croix est sculptée et sur la stèle, il a fait inscrire : « Sylvain Thibault. Époux d'Anna Pournin. » Suit ce qu'il ne pouvait prévoir avec exactitude : « 14 avril 1920, à l'âge de quatre-vingts ans. »

Elle, à côté, n'a rien qu'une fosse, de la terre par-dessus. Pas d'épitaphe. Pas même son nom. Sa tombe ressemble à toutes celles du cimetière qu'un petit écriteau signale comme étant à relever.

Émile m'a dit :

— Mais ça n'a rien à voir avec l'affaire Mis et Thiennot.

Une centaine d'années avant, Tante Anna n'était jamais qu'un autre épisode de la même et très vieille histoire.

PREMIÈRE PARTIE

LA MAIRIE DES SUPPLICES

I

Il y a un demi-siècle, dans l'Indre (le Bas-Berry), l'affaire Mis et Thiennot commençait en Brenne, une contrée assez sauvage, au sud-ouest de Châteauroux. Par là-bas, on surnomme la Brenne « le pays aux mille étangs ».

Dans l'un de ces étangs sans nombre, l'étang des Saules, le corps du garde Boistard fut retrouvé, au matin du 31 décembre 1946 ; un seul des quatre coups de fusil de chasse qui l'avaient atteint était mortel. La presse locale parla alors du « crime de Saint-Michel-en-Brenne ».

Les Lebaudy, gros sucriers du Nord, possédaient sur Saint-Michel le château du Blizon, trois mille hectares, à peu près et une vingtaine de fermes. Ils dispensaient du travail à l'ensemble de la commune, ainsi qu'à des habitants de Mézières-en-Brenne, le chef-lieu, distant de quatre kilomètres. Jean Lebaudy, le seigneur, s'en remettait pour assujettir la population, à son régisseur, Henri Béthune. C'était un butor qui se prenait pour un hobereau, mais il sut contrôler — et avec quel aplomb ! — toutes les conséquences de l'élimination de Louis Boistard, garde-chasse au Blizon depuis neuf ans.

Les raisons, l'endroit, l'heure de la mise à mort restent non pas inconnus mais ignorés, comme les responsabilités exactes de Désiré Brunet, l'un des métayers du domaine. Était-il seul quand il abattit le garde, Désiré Brunet, ou secondé par un autre exécuteur ? Qui l'aida à transporter le corps et à le dissimuler dans le fagotier de sa ferme Prends garde à toi ? Et vingt-quatre heures plus tard, avant l'aube, avec le concours de quels individus, car il en fallait plusieurs, charroya-t-il le cadavre de Boistard, son fusil, sa gibecière, jusqu'à l'étang des Saules ?

Quelques-uns, quelques-unes savent, aujourd'hui encore.

En 1947, Me Benga, avocat du premier procès Mis et Thiennot, à Châteauroux, disait à Émile Thibault, autre victime dans l'affaire :

— Moi, je ne connaîtrai jamais la vérité, toi, tu as une petite chance.

— Mais comment ? lui demanda son interlocuteur, qui avait vingt-six ans.

Benga répondit, tout en décrivant un cercle de la main :

— Il faut chercher autour du Blizon.

Depuis un demi-siècle, le ragot, certes, a proliféré, sans étouffer pourtant les indices, les renseignements précis, concordants que quelques journalistes publièrent du vivant des coupables. Mais depuis un demi-siècle, les représentants de la loi, de leur côté, se sont toujours abstenus d'exiger la vérité de ceux qui la taisaient.

L'inspecteur Maurice Vidal, qui participa à l'enquête de décembre 1946-janvier 1947 déclarera, au bout de quarante-cinq ans de silence : « Au départ, l'affaire paraissait simple : on avait une victime et un groupe de huit chasseurs suspects. Au village, on murmurait que c'était Lebaudy lui-même qui avait orchestré le meurtre du garde-chasse avec lequel il ne s'entendait plus. On a vérifié et on a écarté cette piste. Elle ne tenait pas la route. » (*Parisien libéré* du 23 octobre 1992.)

L'inspecteur Vidal, nous aurons à y revenir, sait mentir gros. À Saint-Michel-en-Brenne, les policiers durent surprendre des conversations où l'on disait, en effet, que Boistard avait été descendu par Désiré Brunet et sur ordre, mais aucune investigation ne fut entreprise, voici pourquoi.

Quand le commissaire Georges Daraud, son adjoint Vidal et les trois autres inspecteurs de la 20e brigade mobile de Limoges arrivèrent, il leur était déjà impossible, en cet après-midi du 31 décembre 1946, de mettre en cause Jean Lebaudy, Henri Béthune et Désiré Brunet.

Au tout début de l'enquête, un gendarme de Mézières-en-Brenne avait pensé à la piste naturelle : cinq cents mètres séparaient l'étang des Saules, où gisait Boistard, de la ferme de Prends garde à toi et de son fagotier sanglant. Désiré Brunet avait beau dénoncer un groupe de chasseurs, ses déclarations, son comportement étaient louches.

Le gendarme perspicace que nous venons d'évoquer fut vite écarté des recherches. Et au bord de l'étang des Saules, le commissaire Daraud et ses hommes se trouvèrent en présence du juge d'instruction Haulon de Châteauroux, du maréchal des logis Lardeau, chef de la brigade de gendarmerie de Mézières-en-Brenne, du docteur Bougarel, médecin légiste ; tous s'aplatissaient devant Jean Lebaudy et Henri Béthune, qui occupaient le terrain depuis la veille avec le personnel du Blizon ou pour mieux dire, leurs gens.

Mais qui donc à ce moment, à cet endroit, n'était pas de leurs gens ? Parce que l'affaire Mis et Thiennot, c'est d'abord cela, l'empressement des gendarmes, des policiers, des magistrats, à couvrir le crime des puissants, en se saisissant, sur l'indication de Brunet, le suspect, de huit chasseurs, des hommes très jeunes, très naïfs, qu'ils savaient innocents. On leur extorqua des aveux après les avoir torturés, pendant une semaine.

La justice, peu sourcilleuse, condamna ensuite les prétendus auteurs du crime, Raymond Mis et Gabriel Thiennot, à quinze ans de travaux forcés et les six autres à deux ans ou dix-huit mois de prison pour le délit d'« abstention volontaire d'empêcher un fait qualifié crime ». Un de leurs tortionnaires, Gaston Moulin — dira plus tard, mais en privé :

— C'était des pauvres types, ils ont payé pour d'autres.

Ces braves garçons, le 29 décembre 1946, jour probable de la mort de Boistard, avaient été amenés à évoluer dans la zone de l'assassinat par un de ces concours de circonstances que l'on appelle hasard ou bien destin.

Émile Thibault, avec son frère Gervais, venait d'ouvrir depuis six mois une boucherie-charcuterie à Saint-Genou. Émile avait un jour acheté des bêtes à Jean Blanchet, un cultivateur du pays, qui demeurait au hameau des Bruères ; on avait parlé chasse. Le jour de Noël, Blanchet, d'un café du village héla Émile qui passait ; il cherchait un moyen de transport pour lui-même et ses voisins, André Chichery et Bernard Chauvet ; les Mis, des camarades polonais, les invitaient tous les trois à la fermeture de la chasse, le 29 décembre, du côté de Saint-Michel-en-Brenne à la Blinerie, une ferme que leurs parents avaient prise en métayage.

Au matin froid, glacial même, du 29 décembre, les frères Thibault partirent donc, par brume épaisse, avec leur vieille camionnette Hotchkiss. Cette chasse ne leur disait pas grand-chose, ils ne connaissaient aucun des participants, mais Jean Blanchet était un client ! Ils passèrent le prendre aux Bruères de Palluau avant de s'arrêter au hameau limitrophe des Augères où André Chichery, Bernard Chauvet et son cousin Roland montèrent sur la plate-forme en plein vent de l'Hotchkiss.

Saint-Genou se situe dans la partie du Bas-Berry qui s'appelle le Boischaut-Sud et pour gagner la Brenne, encore plus au sud, il faut franchir la nationale 143 Tours-Châteauroux. Au moment où l'Hotchkiss traverse cette nationale comme une frontière, voyons quelle société représentaient ces compagnons d'un jour mauvais.

Les frères Thibault, Émile vingt-six ans, Gervais vingt-trois, bien que nouveaux à Saint-Genou, étaient berrichons depuis trois générations au moins, et de ce coin du Boischaut-Sud dans un rayon de vingt kilomètres. Par leur mère, ils venaient de ces fermiers qui savaient la terre et avec lesquels les gros propriétaires composaient ; par leur père, ils pouvaient se réclamer d'une lignée de charrons, de maréchaux-ferrants, de personnalités locales. Des caractères, les frères Thibault, forts aussi des ressources matérielles et morales des leurs, dans les combats judiciaires qu'ils provoqueront.

Jean Blanchet, vingt et un ans, André Chichery vingt-six ans, appartenaient à ce milieu de cultivateurs-éleveurs, d'une certaine aisance, mais qui vivaient les dernières décennies de la petite exploitation agricole.

Bernard Chauvet, dix-huit ans, travaillait sur la ferme, louée et pas bien grande, de son père Georges, retraité de la gendarmerie. L'oncle Roger, lui aussi gendarme et chef de la brigade des recherches de Châteauroux, était arrivé tôt, ce 29 décembre, pour passer le dimanche aux Augères. Son fils Roland l'accompagnait. Il avait quatorze ans ; enfant de troupe aux Andelys, près de Rouen, il se destinait à la carrière militaire. Roger Chauvet prit, ce matin-là, une décision qui le tourmentera toute sa vie : il laissa partir seuls son neveu et son fils au lieu de se joindre aux chasseurs. Il pensa jusqu'à son dernier jour, que sa parole de gendarme les aurait protégés, lors de l'enquête...

La nationale 143 franchie, une crevaison retarda les jeunes gens, ils arrivèrent en fin de matinée à la Blinerie. Saloméa Mis, la mère, indiqua comme elle put la direction prise par son mari Jacob, ses fils, leurs parents Krück et leurs amis Owscharek, un groupe important, facile à repérer, mais le brouillard aveuglait tout. Les visiteurs se perdirent dans la lande, entre les étangs, de bouchure en bouchure (en parler berrichon, la bouchure est le nom que l'on donne aux haies touffues qui quadrillent le bocage). M. Poupeau, le seul garde-chasse qu'ils virent de la journée, renseigna les égarés ; ils retrouvèrent leurs hôtes alors que ceux-ci, bredouilles, rebroussaient chemin.

Les Mis, en quelques mots, Stanislas, vingt et un ans et Raymond vingt, étaient les aînés des six enfants, quatre garçons, deux filles, de Jacob et Saloméa. La famille avait émigré en deux temps. Jacob travailla en France dès 1932 à l'arrachage des betteraves en Picardie, mais il n'appela les siens qu'en 1936 après s'être assuré que des Polonais tenaces, comme lui, son beau-frère Krück et quelques autres pouvaient s'enraciner dans l'Indre. En 1939, après la déclaration de guerre, il se démit, faute de main-d'œuvre, de la ferme assez importante qu'il tenait, en Brenne déjà. De 1940 à la Saint-Jean de 1946, date de leur nouveau départ, les Mis séjournèrent aux Augères ; ils vécurent de peu, mais on les avait vite adoptés dans le coin et puis il y avait la petite colonie des compatriotes qui aimaient à se retrouver chez Jacob et Saloméa, le dimanche. Ces heures de la guerre, tout à la fois anxieuses et gaies, apparaîtront par la suite aux Mis comme belles et si bonnes ! Avant la grande misère qui s'abattit sur eux, à la Blinerie, le lendemain de la chasse maléfique.

La fermeture du 29 décembre 1946, grisaille et gel, s'annonçait morne. Les Mis et leurs invités, l'arme au bras, revenaient pour le déjeuner, quand ils croisèrent le propriétaire de l'autre ferme de la Blinerie, Christian Grosjean, accompagné de Gabriel Thiennot, un petit gars de Mézières-en-Brenne et flanqué de son domestique Albert Niceron ; eux non plus n'avaient rien tiré. Comme Grosjean proposait à tous une expédition sur sa chasse de Jacques des Bœufs l'après-midi, Jacob Mis l'invita à venir prendre le café au dessert, comme cela se fait entre bons voisins. Les Grosjean étaient brennous depuis 1863, époque à laquelle on entreprit d'assainir les marais et les bois dans une région plus propice aux moutons, au gibier qu'à l'homme. La dysenterie, le paludisme décimaient alors une paysannerie de teint bilieux, la panse flasque ou boursouflée des mal nourris et qu'on appelait « les ventres jaunes ».

Dans les châteaux, où l'on chassait à courre, les dynasties bourgeoises issues du premier Empire et de la monarchie de Juillet côtoyaient maintenant la noblesse. Elle s'y faisait, cette noblesse souvent très ancienne, elle pactisait, même, parfois, avec les nouveaux venus, des banquiers, il est vrai, des industriels dont les Lebaudy. « Ils sont arrivés en 1865 », précise Christian Grosjean, qui se souvient de la chronique brennouse. Deux générations après, il avait été le condisciple, au collège de Fontgombault, des fils de Jean Lebaudy, Jacques et Paul. Son grand-père à lui fut longtemps maire de Saint-Michel-en-Brenne.

Christian, seize ans, et ses trois sœurs, subsistaient des restes d'un passé : quelques fermes, comme celle de la Blinerie, quelques bois comme Jacques des Bœufs, qui aura son importance dans notre histoire, des étangs enfin, dont un, le Bernadou, de cinquante-cinq hectares, équivalant à un revenu pour la Brenne où l'on pêche à la tonne carpes, brochets, tanches.

Les Grosjean figuraient, dans la société du canton de Mézières-en-Brenne, les descendants à regarder comme tels, de petits notables. Mme Grosjean mère en avait hérité une rigueur morale et comme elle conservait, à l'époque, quelque influence sur son fils, Christian, malgré son goût des frasques, son laisser-aller, ne se conduisait pas en rustre. Dès le début de l'affaire, aux premières gifles d'un des policiers, il reviendra sur sa déposition initiale : il y disait, en substance, que le 29 décembre 1946, dans l'après-midi, il ne s'était rien passé. Les inspecteurs l'ayant rudoyé, il acceptera d'accabler les chasseurs. Christian Grosjean se reprendra aussitôt ; il affrontera en vain les juges d'instruction, les cours d'assise afin d'innocenter ceux qu'il avait, un moment, trahis.

Albert Niceron, vingt et un ans, dit « Chiendent » ; son faux témoignage sera déterminant en justice. Niceron était un laissé-pour-compte, un demeuré, moins idiot toutefois, et plus retors qu'on ne l'a dit. À l'ombre de Jean Lebaudy, chapitré par Béthune, il ânonnera ses mensonges, à tous les procès ; et les magistrats se chargeront de les accréditer.

Entre Christian Grosjean, le déclassé et Albert Niceron, le sournois, Gabriel Thiennot le pauvre ; un mètre cinquante-trois, soupe au lait, cabochard, il semblait défier tout le monde. À vingt ans, il se débattait, en fait, dans la misère et les deuils. Son père, métayer de Lebaudy, était mort, en 1941, des suites d'un accident de travail ; un de ses beaux-frères, Marie-Joseph Chartier, et son frère Octave avaient été tués dans les combats de la Résistance. Gabriel rejoignit à son tour le maquis en avril 1944, mais à la fin d'août, son chef lui ordonnait de rentrer à Mézières-en-Brenne : sa mère élevait seule les derniers de ses quatorze enfants et elle ne s'en sortait plus.

Gabriel, dès ses treize ans, travailla dans les fermes avant d'embaucher dans la maçonnerie, plus lucrative. Il donnait toute sa paye à la mère, une mère pas-de-chance, Berthe Thiennot, qui pensait sans arrêt que le pire était devant elle. Aucun pressentiment ne la saisit, pourtant, le matin du 29 décembre quand Gabriel, qui avait emprunté un fusil, s'en alla sur sa bicyclette à sa première partie de chasse, chez Grosjean, le copain de la communale.

Le déjeuner chez les Mis se termina vers 14 h 45, les chasseurs, quatorze en tout, s'installèrent comme ils purent sur la plate-forme de l'Hotchkiss ; Christian Grosjean se percha sur le marchepied, peut-être pour guider Gervais Thibault qui conduisait. Le brouillard ne s'était pas levé, les coups de fusils claquaient de partout, brefs, sans écho. Devant Prends garde à toi, à cent mètres, pas même, de la départementale 15 que la camionnette suivait, on distinguait quelques personnes ; Gabriel Thiennot reconnut parmi elles son frère Marcel, Christian Grosjean lui cria de venir, Marcel fit « non » de la main ; sa fiancée, Paulette, l'une des filles aînées de Désiré Brunet, l'attendait à la ferme. Donc vers 14 h 45, ce 29 décembre, on savait à Prends garde à toi que Gabriel Thiennot, Christian Grosjean et les Mis chassaient, avec plusieurs autres, au bois Jacques des Bœufs, au-dessus de l'étang Nuret.

Vers 15 h 30, la camionnette reprenait la départementale 15 en sens inverse : les chasseurs avaient battu le bois tout entier pour rien. À l'arrivée à la Blinerie, la dispersion commença, Jacob Mis rentra, son beau-frère Krück, comme les amis Owscharek attelèrent la carriole ou sautèrent sur leurs vélos ; ils habitaient à une quinzaine de kilomètres et tenaient à arriver avant la nuit pour soigner les bêtes.

Christian Grosjean proposa de finir cette journée d'ennui par une battue sur ses terres, derrière les bâtiments. Quant à lui, il s'éloigna, suivi d'Albert Niceron ; il avait à faire non loin de là, à Marnoux. Les huit chasseurs qui restaient, tournèrent dans les champs de la Blinerie, pendant une bonne demi-heure, jusqu'à 16 h 15, 16 h 30 et Gabriel Thiennot tua un lapin. Il le ramassa à contrecœur : son gibier se trouvait sur les terres de Paul Naudet, le fermier de la Dorasserie, un propriétaire irascible. En revenant vers la Blinerie, tout le monde fit feu sur une volée d'alouettes, histoire de brûler quelques cartouches. À part Christian Grosjean, qui avait tiré en l'air pour s'amuser à Jacques des Bœufs, et Gabriel Thiennot pour le lapin, nul, avant cette salve, ne s'était servi de son fusil au cours de la journée.

Saloméa Mis offrit un goûter sur le pouce à la compagnie avant le départ ; les Thibault s'inquiétaient ; ils n'étaient sûrs ni de leurs phares, ni de leurs pneus et le jour baissait. Le jeune Roland Chauvet lui aussi était pressé, il rentrait le soir même aux Andelys, son père l'attendait aux Augères pour l'emmener prendre son train.

L'Hotchkiss partit, s'arrêta à 17 heures sur la place de Mézières-en-Brenne. Gabriel Thiennot sauta de la plate-forme, on lui passa sa bicyclette. Il offrit le seul lapin de la chasse à Émile Thibault, qui lui donna en échange deux cartouches. Gabriel dîna chez Mme Clanet puis rentra chez sa mère, au 8, rue Bout-du-Monde. Il fit sa toilette en vitesse avant d'aller danser à la salle Foch : ce bal se trouvait derrière la mairie où sous peu de jours, on le torturerait.

Au moment de l'affaire, plusieurs de ses cavalières, dont la fille de Roger Morêve, le maire, se souvinrent de la présence de Gabriel à la soirée du 29 décembre ; et cette présence contredisait la version officielle du crime, telle que le racontait la presse locale. Mais les jeunes filles choisirent de se taire, comme tout le monde.

Après leur halte à Mézières, les Thibault déposèrent Bernard, Roland Chauvet et André Chichery aux Augères, Jean Blanchet aux Bruères ; avant 17 h 30, ils rentraient à Saint-Genou. On ne tint jamais compte des quatre témoins qui assistèrent au retour des jeunes bouchers ; Gervais gara l'Hotchkiss, il alla ensuite au bistrot prendre son apéritif, comme à l'accoutumée.

II

Ce même 29 décembre 1946, qui sera son dernier jour, le garde Louis Boistard accompagna, le matin, Jean Lebaudy à la chasse aux canards. Vers 12 h 30, il regagna son domicile de Loups, à moins de cinq cents mètres de la Blinerie. Après un déjeuner rapide, il mangea d'un gâteau feuilleté en sortant de table puis but le café. Il promit à sa femme et à ses filles Odile, sept ans, Françoise, cinq ans, d'aller à leur rencontre si sa tournée se passait bien. Elles partirent pour le château du Blizon où un arbre de Noël à l'intention du personnel était organisé pour la première fois.

Boistard sortit de chez lui vers 14 heures. Laissons-le s'éloigner, nous le retrouverons plus avant dans l'après-midi. Restons au village de Loups, le temps de quelques histoires énigmatiques en relation avec l'affaire. Le village de Loups, quelques maisons basses, dans un fond de lande, près de grands bois ; leurs volets semblent avoir été tirés, soudain, à la même heure d'un jour dit. Le puits s'aperçoit encore sous la broussaille ; Louise Boistard, comme toutes ses commères, y venait chercher son eau. Un bâtiment à étages et en briques, bien trop vaste pour ici, domine ces solitudes ; au faîte de son toit, la girouette est surmontée d'un loup. La famille Laurent demeurait dans cette grande baraque dite « ferme des loups ». Les Boistard habitaient derrière, au Prieuré. Les Fontaine étaient plus à l'écart, comme les Fournier et les Marchais.

À l'automne de 1944, Gabriel Thiennot fut employé comme valet par Marie Fontaine. En l'absence du mari et du fils aîné, prisonniers en Allemagne, elle s'occupait moins de la ferme que de son gamin de dix-sept ans ; elle l'appelait « Titi », avec des airs tout drôles. La vie malséante, comme qui dirait à jupes troussées, qu'elle s'offrait avec son rejeton échauffait les femelles du voisinage. Elles y venaient, chez la Marie Fontaine, rien que pour rire bien sûr : il était si blagueur, le « Titi », même qu'il se permettait, parfois, des gestes pas comme il faut, mais enfin !...

Gabriel le puceau tout en nerfs, le pudique, subissait cette atmosphère salace, se rongeait. Et un jour il les insulta, les mégères sans vergogne de Loups ; elles ne lui en voulurent pas plus que ça. Mais dans sa colère, une frayeur, plutôt, devant le nu, le cru des choses, Gabriel agressa Louise Boistard, la seule de ces gaillardes qu'il aurait dû, surtout, laisser à ses intrigues.

On lui prêtait pour amant tantôt Henri Béthune, tantôt Jean Lebaudy. Elle était belle femme et convoitée à la ronde par tous les mâles. Malgré les liaisons prestigieuses que l'on disait, elle menait l'existence médiocre d'une épouse de garde-chasse. Au marché de Mézières-en-Brenne, on la voyait arriver de sa cambrousse, sur un vieux vélo, dans son petit imperméable rafistolé avec des épingles-nourrice et elle portait des souliers éculés, comme une ménagère quelconque. Mais qu'importe ! Gabriel, au lieu d'éviter la favorite supposée ou en titre des puissants, la provoqua.

Le 28 novembre 1944, au matin, vers 9 heures, Louise Boistard, son pot à lait à la main, traversait la place de Loups pour se rendre chez Marie Fontaine. Gabriel Thiennot dressa devant elle sa petite taille et l'apostropha :

— C'est vous qui avez dit que j'avais un fusil de guerre ?

Et, Louise Boistard :

— Non, ce n'est pas moi, mais je savais que tu en avais un.

Ce fusil, avec ses munitions, avait été confié à Gabriel par son frère Octave, quelques jours avant sa capture et son exécution par les Allemands, en août 1944. Rappelons que Gabriel fut maquisard, lui aussi, d'avril à la fin de ce même mois d'août 1944. Au début de novembre, soit trois semaines avant l'algarade de Loups, la section FFI de Mézières-en-Brenne avait récupéré l'arme et les balles. Par conséquent, cette chamaille à propos d'un fusil était stupide ; et la suite donc ! Gabriel, vexé peut-être du tutoiement de la femme Boistard, lui lança :

— Il y aura toujours une balle pour toi et ton mari ! Vous êtes pour les Boches et les miliciens !

Sans son intervention, aurait-il prétendu, la Résistance les pendait tous les deux. Il conclut en lui promettant « un coup de poing sur la gueule » avant de la traiter de « bourrique et de certains noms » comme le déclarera Louise Boistard. Gabriel s'était servi des grossièretés d'usage pour flétrir l'indécence d'une femme et la légèreté de sa conduite.

Cette déposition fut recueillie par les gendarmes, André Mathé et Émile Pinal qui, ce jour-là, passaient par Loups — comme cela tombait bien ! —, au cours de leur tournée de routine. Ils enregistrèrent du même coup la plainte pour injures et menaces de mort, que Louis Boistard, à l'exemple de son épouse, déposait, contre le jeune Thiennot. Il ne pouvait faire moins, mais il en dit davantage : que Thiennot l'ait accusé « d'être pour les Boches et les miliciens » ne l'étonnait pas. C'était faux, précisa Boistard, il suffirait de se renseigner. En novembre 1944, la guerre n'était pas finie, l'épuration faisait rage. Le grand arrangement se combinait entre bons Français ; à Saint-Michel-en-Brenne même, l'abbaye de Saint-Cyran accueillait un criminel de guerre comme Paul Touvier. C'est pourquoi, se renseigner sur les activités d'un employé des Lebaudy pendant les années d'Occupation, il ne fallait pas y penser ! Les gendarmes consignèrent néanmoins les paroles de Boistard puisqu'il paraissait y tenir et, comme s'ils n'avaient rien entendu, se transportèrent, dare-dare, chez Marie Fontaine, pour l'audition de Gabriel. Il reconnut les faits, déplora l'attitude qu'il avait eue.

Alors, Henri Béthune apparut. Il considérait les gendarmes comme des larbins en uniforme et ne leur dissimulait pas son dédain ; ils n'avaient plus qu'à retourner se terrer dans leur caserne de Mézières. Et Béthune, l'imposant Béthune, mena tout droit chez les Boistard un Gabriel au bord des larmes, qui exprima ses regrets, présenta ses excuses, invoqua la colère. On voulut bien le croire, se persuader qu'il était incapable, comme il l'affirmait, d'exécuter ses menaces.

À la mairie de Saint-Michel-en-Brenne, une annexe, en somme, de la régie du Blizon, l'adjoint au maire confirma : le jeune Thiennot, garçon de bonne famille, mais au caractère emporté, ne serait jamais passé aux actes.

Louise Boistard prit la peine de se déplacer jusqu'à la gendarmerie de Mézières-en-Brenne, afin d'y retirer sa plainte. Sans doute fut-elle poussée un peu.

On sent du Béthune derrière ces piètres acteurs. Il s'était dépêché de les rappeler « au pied ! » pour des raisons connues de lui seul. Leur querelle était imbécile, mais pas sans causes ; plusieurs causes sous-jacentes, enchevêtrées, qui faisaient peur ou mal, n'étaient pas à dire quoi ! : les coucheries, comme il se doit et aussi en ces temps douteux, les trafics, les trahisons des années boches.

Le régisseur du Blizon se mêlait de tout, connaissait tout ; ceux de Loups, de Saint-Michel, de Mézières, et tant d'autres, en Brenne, il les tenait dans le creux de sa main. Deux ans encore et il en broiera plus d'un.

Deux ans après, c'est-à-dire le 29 décembre 1946. La dernière des histoires du village de Loups ayant trait à l'affaire sera celle du vacher Christian Gault et de son dimanche insolite.

Christian Gault avait vingt-quatre ans ; chétif, bègue, pas comme les autres, il passait pour un simple. Garçon très pieux, lisant beaucoup, il avait de l'intuition, de la finesse ; on aurait dit un frère lai égaré parmi ces culs-terreux qui ressemblaient quelquefois à leur bétail. Il avait travaillé chez le père Fontaine et son fils aîné, en 1939, avant leur mobilisation. Le cauchemar ! Père et fils ne dessaoulaient pas, culbutaient leurs bonnes femmes en public, les tabassaient tout comme, ils cognaient, cassaient par plaisir. Un jour, le fils assomma Christian à coups de poing, des bosses gonflèrent aussitôt. Le lendemain, le père prit un gourdin et bastonna si dur le crâne de son valet que les tumeurs crevèrent.

Chez M. Laurent, chef domestique de Lebaudy, à la ferme des Loups, on n'était pas finaud, mais pas méchant ; et ça ne buvait pas. Christian Gault s'occupait des vaches depuis bientôt quatre ans. L'hiver, il les menait aux champs, en début d'après-midi, par tous les temps sauf s'il neigeait. Il arriva le dimanche 29 décembre à 11 heures pour déjeuner comme d'habitude avant de sortir les bêtes. Laurent lui dit : « Laisse donc, tu vas manger avec nous. Les vaches resteront pour aujourd'hui, on leur donnera de quoi tout à l'heure. » Christian fut surpris, puis l'on passa à table.

Dans l'après-midi André Thiennot survint. Parent éloigné de Gabriel, il était le neveu de Désiré Brunet, qui l'employait à Prends garde à toi. André Thiennot était suivi des fils de Désiré, ses cousins, Lucien, douze ans, Maurice, dix ans. Il avait besoin, dit-il, d'une corde pour attacher un veau qui venait de naître. Christian Gault partit vers 16 heures, sans s'intéresser aux visiteurs. Il parcourut à travers champs les trois kilomètres qui le séparaient du Temple où habitait sa famille, sur la commune de Rosnay. Après le dîner, il rentra à la ferme des Loups et vit de la lumière chez les Boistard. Il était 1 heure du matin.

Le lendemain, 30 décembre, il y eut les recherches des gendarmes et des gens de Blizon, le 31, au matin, la découverte du corps de Boistard à l'étang des Saules. Christian y menait paître les bêtes souvent. Il lui fut, d'ailleurs, interdit de les sortir pendant deux ou trois jours. Il établit alors la relation entre le crime et l'ordre que M. Laurent avait dû recevoir de Béthune d'enfermer les vaches ; sans compter l'irruption d'André Thiennot et des enfants Brunet avec leur fable du jeune veau qu'il fallait entraver. « Était-ce pas plutôt pour tirer un corps ! » songea Christian Gault, et dès lors, il n'en démordra plus :

— Il y a eu des choses bizarres ce jour-là !

Ce jour-là, 29 décembre 1946, André Bourbonnais rentrait à Saint-Michel-en-Brenne après une corvée de bois. Il aperçut Boistard qui marchait d'un bon pas en direction de Loups. Il était entre 15 h 30 et 15 h 45.

III

Le 30 décembre, à 1 heure du matin, il y avait de la lumière chez les Boistard quand Christian Gault, le vacher — on s'en souvient — rentra à Loups.

Louise Boistard s'était couchée vers 22 heures ; comme il arrivait à son mari de dîner à l'extérieur, elle ne s'était pas inquiétée, tout d'abord. Après minuit, elle s'alarma et, l'heure tournant, pensa — dira-t-elle — qu'il lui était arrivé malheur. Elle s'habilla à la hâte, courut au fond de la place de Loups réveiller Karl Bohlender, un prisonnier allemand de trente-cinq ans, qui gîtait dans une remise. Karl l'escorta jusqu'à la Dorasserie, à plus d'un kilomètre ; il repartit docile et toujours muet dès que Paul Naudet, le propriétaire, eut ouvert la porte.

Il était 2 heures du matin, d'après Naudet, quand Louise Boistard entra dans la cuisine. Cette précision, comme tout ce que nous pourrons écrire sur le rôle du fermier de la

Dorasserie au cours de la nuit du 30 décembre, ne sera connue qu'une trentaine d'années après, en 1979, à la parution du premier livre consacré à l'affaire[1].

Naudet sera entendu plusieurs fois par les gendarmes de 1947 ; dans un de leurs procès-verbaux, ils le désigneront ainsi : « Une personne désirant garder l'anonymat par crainte des représailles. » Ses auditions, comme son témoignage aux assises, concerneront les coups de fusil qu'il a entendus.

Il sera mentionné, par ailleurs et sans un mot de plus, pour avoir transporté Louise Boistard, dans la nuit du 30 décembre, à la régie du Blizon. Paul Naudet était le seul à posséder une automobile, une C4 Citroën, de ce côté-ci de Saint-Michel-en-Brenne ; il véhiculait le voisinage, en cas de nécessité. C'est pourquoi Louise Boistard s'adressa à lui.

À son entrée à la Dorasserie, elle n'eut qu'à dire : « Louis n'est pas rentré... » et il imagina le crime, ses auteurs, leur mobile. Il détestait les Mis, ses nouveaux voisins, parce que, selon ses propres termes, ils baragouinaient, parce qu'ils étaient polonais, pauvres, braconniers, et Dieu sait quoi encore !

1. *Ils sont innocents !,* Léandre Boizeau, Éditions La Bouinotte.

Naudet était un sédentaire de cinquante ans, il vivait seul, avec une de ses sœurs ; il en avait peur, d'instinct, de ces Mis qu'il regardait comme des nomades, l'engeance des rapines, des coups par-derrière.

Le 29, en fin de matinée, il les avait sentis plus que vus, eux et plusieurs autres à travers le brouillard du côté de la Blinerie. L'après-midi, alors qu'il se trouvait à nouveau dans les parages, il avait entendu une salve, dix ou quinze coups de fusil, vers l'étang des Rondières entre 16 h 30, 16 h 45. Boistard avait été tué au cours de cette fusillade par les Mis et leur bande, qu'il avait dû prendre en flagrant délit de braconnage sur les terres à Lebaudy !... Telle était la conviction du fantasque Naudet quand il transporta Louise Boistard au Blizon, en pleine nuit.

Au bruit du moteur de la C4, la domesticité s'était levée de toutes parts dans les communs du château. La nouvelle de la disparition de Boistard fit jaser. Naudet harponna Béthune au sortir de sa maison pour lui communiquer à voix basse ses conclusions.

La trouvaille de cet indicateur inattendu le servait, Béthune : les Mis et leurs invités assassinant le garde, pourquoi pas ? La camionnette s'était remarquée par l'allée et venue au bois Jacques des Bœufs, comme la présence de Christian Grosjean et Gabriel Thiennot parmi ces chasseurs que l'on croyait de Saint-Genou, sans les avoir encore identifiés. Louise Boistard parla, en outre, de l'Hotchkiss des Thibault ; elle l'avait vue, vers les 11 heures, dans la cour des Mis, chez qui elle s'approvisionnait.

La bande à Mis ! des journalistes abuseront, à dessein, de la formule. Mais dès la nuit du 30 décembre, le peloton des chasseurs des brumes fusillant ce pauvre Boistard d'un tir groupé, cette chimère qui emballait Naudet se matérialisa de par la volonté de Béthune, le faux : puisque les Mis et le petit Thiennot faisaient partie du groupe, les autres étaient comme eux, tous des vauriens ! et assez bons pour les assises !

Il était quoi ? trois heures, trois heures et demie ? qu'est-ce qu'il put bien leur dire alors, le régisseur, à Louise Boistard, à Paul Naudet, à René Beigneux, son garde-chef, qu'il avait convoqué ? qu'est-ce qu'il leur signifia ? Sur cette réunion nocturne, aux allures de délibération et qui décida du sort de huit innocents, le dossier reste vide. Il nous apprend que René Beigneux était chargé d'aider dans les premières recherches la femme de son subordonné disparu. Béthune précisera « avec des lampes ou d'autres moyens ».

Le personnel du Blizon commença à se mobiliser, tandis que Naudet reconduisait à Loups sa passagère et le garde-chef. Il révélera aussi, en 1979, qu'à hauteur de Prends garde à toi, au large même, la ferme n'était pas si près que cela, il fut décidé que Louise Boistard et René Beigneux iraient aux nouvelles chez Désiré Brunet. Naudet les attendit dans la voiture. Presque une demi-heure passa et ils ne revinrent pas seuls. Désiré Brunet avait insisté pour les raccompagner. Ce serait l'aube bientôt et il faisait un de ces froids ! Seul, à cette heure, le sommeil de Boistard sous les bûches du fagotier de Prends garde à toi devait être plus glacé.

Désiré dit Abel dit Bello, quarante-trois ans, le « vieux » Brunet, était, selon ses propres petits-enfants, grand, sec, méchant. Il avait sous son nez maigre la moustache d'Hitler et au profond des orbites, un regard d'allumé par une haine plus violente que le plus lourd des vins. Il aimait qu'on souffre, qu'on meure. Faute d'avoir tiré à temps sur son voisin qui put barricader sa maison, il lui flingua son chien. Un autre jour, il éprouva quelque jouissance en abattant son chien à lui : un chien ce n'était jamais qu'un chien, pas plus, pas moins qu'un homme, au fond, pour Désiré. Et les hommes, puisqu'on en parlait, il leur réservait un fouet, une fourche toujours à sa portée ou quand il s'acagnardait, gros fainéant, à Prends garde à toi, deux revolvers chargés sur le buffet et la pétoire dans un coin.

Fou du fusil, fou tout court, énergumène, qui s'insupportait d'être si nul, fait que pour boire, traficoter, dormir, forniquer. Sa femme, la Marie Brunet, il ne se contentait pas de la battre, il la voulait martyre. Il la maintint toute sa vie dans le dénuement, lui comptant un par un, jour après jour, les sous des moindres courses. Il la tolérait aux repas, mais pour son manger, elle n'avait qu'à racler les casseroles ! Il la jetait dehors toute nue, quand il neigeait, ou bien, d'une poussée du pied aux fesses, il la projetait dans l'âtre, qu'elle flambe un petit peu, ou bien encore il l'enfermait dans l'écurie toute la journée. Elle mourra des suites d'une de ces punitions, un rat l'avait mordue, elle fut mal soignée, la gangrène se déclara. Le 4 avril 1969, à soixante-trois ans, elle expirait chez Paulette, l'une de ses filles aînées, qui l'avait recueillie à Mézières-en-Brenne. Jusqu'à son coma dernier, elle eut la vision de Désiré, les traits convulsés, au pied de son lit ; il venait exprès de Saint-Michel-en-Brenne pour l'insulter.

Marie Brunet à peine enterrée, il acheta des meubles, les toutes dernières nouveautés de l'électroménager, le luxe dans son esprit et qu'il aurait refusé à sa femme, en admettant qu'elle se soit risquée à le lui demander.

L'union de cette brute et de cette soumise donna sa dizaine, des filles, en premier, Marcelle, Paulette et puis Yvette, Mauricette, Marie-Noëlle, des gars, dans les derniers, dont un qui ne durera que douze mois et des jumeaux, partis bien vite eux aussi.

Autour de 5 heures du matin, le 30 décembre 1946, Paul Naudet, qui se gelait à l'intérieur de sa C4, reconnut dans le noir la silhouette longiligne de Brunet aux côtés de Louise Boistard et René Beigneux. Il avait pris la peine de venir jusque-là, le Désiré, pour écouter Naudet après avoir entendu les deux autres ; il clamerait ensuite son mensonge capital. L'affaire se fonde en effet, sur les dires du tueur et sur eux seuls.

Désiré Brunet inventa l'histoire suivante. La veille, 29 décembre, vers 15 h 30, il chassait au bois de Montmélier, sous l'étang Nuret. On tira cinq ou six coups de fusil, de l'autre côté de l'étang. Il s'ensuivit une altercation entre le garde Boistard et les chasseurs ; l'un d'eux lui cria : « Je t'emmerde ! » Brunet traversa le bois de Montmélier pour rentrer chez lui et comme il en sortait, il vit la camionnette des chasseurs regagner la Blinerie pendant que Boistard, lui, s'en allait, d'un pas rapide, en direction des étangs des Rondières.

À l'heure où Brunet parlait ainsi, les gendarmes Gaston Moulin et Marcel Plisson s'agitaient dans les ténèbres. Ils effectuaient une visite de commune de nuit, tournée de routine, quand leur collègue Duris les joignit à Marnoux : le régisseur du Blizon, Henri Béthune en personne, avait téléphoné à la brigade de Mézières-en-Brenne pour signaler la disparition du garde-chasse Boistard. Moulin et Plisson firent demi-tour, rencontrèrent des gens du Blizon aux abords des deux étangs des Rondières, au-dessus de la Blinerie, cette fois. Mais que pouvaient-ils entreprendre, les uns et les autres, avant le lever du jour ?

À l'aube, vers 7 h 45, Béthune, suivi du gros de son personnel, lança une battue d'envergure dans « les bois, buissons, champs et autres lieux déserts », notèrent Moulin et Plisson. Ils obéissaient au régisseur, comme des employés et les autres gendarmes, mis en branle par le commandant de compagnie de Le Blanc, se déplacèrent, eux aussi, selon les directives de Béthune.

Au milieu de la matinée, une de leurs formations, augmentée de plusieurs civils, déboucha du bois de Montmélier près de la ferme du même nom. Olivier Méry, un cultivateur, creusait là un étang pour le compte de Lebaudy. On bavarda ; André Bourbonnais, qui travaillait pour Méry sur ce chantier, entendit cette remarque :

— S'ils l'ont pas trouvé encore, c'est qu'il a été tué.

Quand il apprit de qui il était question, Bourbonnais dit à la cantonade que Boistard, il l'avait vu la veille, entre 15 h 30 et 15 h 45, à cinquante mètres devant lui. Il ajouta que le garde se dirigeait sur le bois Faure, derrière le village de Loups, vers Nouzières. Comme Boistard ne pouvait pas se disputer dans les mêmes heures, avec les chasseurs du bois Jacques des Bœufs, situé à l'opposé, deux kilomètres plus au nord, le témoignage de Bourbonnais ne fut recueilli par les gendarmes ni ce jour-là, ni plus tard. Béthune veillait.

Dans l'après-midi de ce 30 décembre, Moulin et Plisson, au cours d'une première enquête, déjà orientée, entendirent une des sœurs de Grosjean, Ghiselaine, seize ans, qui habitait à la Blinerie avec Christian et sa famille. Le 29 décembre, vers 15 h 45, Ghiselaine, à ce moment dans les champs de Jacob Mis, avait vu deux chasseurs qui venaient de l'étang des Basses Rondières : quand ils l'aperçurent, ils changèrent de direction. La jeune fille ne put les dévisager, ils étaient trop loin, mais elle en donna un signalement assez détaillé. Béthune anéantira d'une phrase ce témoignage : « Ces gens sont hors de cause. » Et nul ne lui demanda jamais d'en dire davantage.

Henri Béthune, quarante-deux ans en 1946, avait, sans être très grand, de la stature et du coffre. Toujours coiffé de son feutre, toujours cravaté d'une cordelette, toujours ganté, chaussé de leggins en bon cuir, il s'habillait avec une certaine recherche, comme s'il était quelqu'un de bien : et qui sait s'il n'avait pas besoin de cet aspect cossu pour s'en convaincre ?

Son visage était ordinaire, mais sa bouche sans lèvres, comme un trait tiré de travers, ainsi que son menton en galoche lui donnaient l'air rogue des sous-fifres à qui sont échues des responsabilités qu'ils prennent pour les pleins pouvoirs. Le regard inexpressif se voulait contempteur de toute cette humanité, au-dessous de lui.

La force des créatures de son espèce, c'est qu'elles ont l'entendement aussi étroit que leur front, une approche dégoûtante de toutes choses, que trahit ce nez en lame, au bout crochu de renifleur. Bourgeois de médiocre extraction, Béthune n'avait d'autres ressources, pour se hausser et se maintenir, que le mensonge, la méchanceté, l'infamie ; comme n'importe quel malfrat.

Au cimetière de Saint-Michel-en-Brenne, il partage avec son épouse un tombeau de marbre gris, leurs photos à tous deux, en médaillon, ornent ce morne monument. Elle, dans l'histoire affreuse dont son mari est le coauteur (n'oublions pas Jean Lebaudy), elle, Mme Béthune, ne paraît que l'instant d'une anecdote. Une employée du Blizon promenait dans un landau sa fille qui faisait ses dents. La cuisinière tout en bavardant donna à l'enfant, pour la calmer, un croûton de pain à sucer. Mme Béthune survint et dit, souriant douceâtre comme une mijaurée ou une gourde : « Le pain... du château ! » Et Béthune, le luxurieux Béthune, pendant ce temps-là, se ruait sur la vachère, la gouvernante ou la souillon, toutes celles qu'il tenait en son pouvoir.

Il arriva dans l'Indre en 1939-1940. Il était originaire de l'Aisne, pas loin des fiefs sucriers de Lebaudy. Lequel des trois frères Béthune casa les deux autres, chacun à la régie d'un château, dans ce Bas-Berry où l'on en dénombre deux cent cinquante ? Henri fut à coup sûr le plus manœuvrier et pas regardant sur les moyens ; l'affaire le prouve.

Mais avant de le rejoindre, qui menait à la dure le personnel du Blizon et les gendarmes, au cours de la battue, parlons de sa voix ; la voix qui vous atteint au plus subtil de vos nerfs, vrille le tympan, la voix du gueulard avec dans le cas de Béthune un reste qui n'arrangeait rien, d'accent du Nord, ni belge ni alsacien, entre les deux, mettons. On se fait craindre avec ce genre d'organe, même partout ailleurs que dans les casernes. Et Henri Béthune en était convaincu : brailler impressionnait « les basses classes ». C'était de son langage, à cet imbécile, « les basses classes ».

Au matin du 30 décembre, toujours, Jean Lebaudy, seigneur du Blizon, maître des terres et des destinées, entra en scène. Il laissa l'initiative des recherches à son régisseur, mais il était là ; et on le sentit vite. La gendarmerie se secoua.

Le lieutenant Nicaud, commandant de section, arriva de Le Blanc à 14 h 30 : il donna aussitôt l'ordre au chef Lardeau de dépêcher Moulin et Plisson auprès de certains témoins. Le lieutenant Nicaud leur accordait deux heures pour entendre, dans un ordre prémédité, Henri Béthune, Désiré Brunet, André Thiennot, Louise Boistard, filer ensuite aux fermes de la Blinerie afin de s'occuper des Mis, de Christian Grosjean, et d'Albert Niceron, avant d'entreprendre Gabriel Thiennot. Pendant ces deux heures, Duris assurerait la liaison entre ses collègues enquêteurs et le lieutenant Nicaud.

Le commandant de section avait su écouter Henri Béthune et Jean Lebaudy. Le premier n'attendait pas son audition officielle pour incriminer les chasseurs de la Blinerie, l'autre s'était remémoré à propos les confidences de son garde. Et qu'avait dit feu Boistard, nul ne doutait plus de sa mort, qu'avait-il révélé à son patron qui pût servir d'indices ? En 1944, il l'avait tenu au courant des menaces proférées contre lui par « des membres de la famille Thiennot » ; famille qu'à la veille de sa disparition, il suspectait de braconnage, ainsi que les Mis. Et Jean Lebaudy avait ajouté à l'adresse du lieutenant Nicaud : « Il les surveillait. »

À proximité de ce conciliabule et sachant que rien, quoi qu'en ait Lebaudy, ne se déciderait sans son avis, Béthune racontait à Moulin et à Plisson l'arrivée de Louise Boistard au Blizon, dans la nuit. Il ignorait, conclut-il, comment le garde avait pu disparaître, il s'agissait, peut-être, d'une vengeance personnelle.

À Prends garde à toi, Désiré Brunet ne dit rien de la visite que lui avaient rendue Naudet, Louise Boistard, René Beigneux et il répéta aux gendarmes le même boniment : Boistard s'était disputé avec les chasseurs, au bois Jacques des Bœufs, on lui avait crié « Je t'emmerde ! » La camionnette était repartie pour la Blinerie et le garde avait pris le chemin des étangs des Rondières ; cela vers 15 h 30. Brunet ajouta, assez affirmatif, qu'il s'agissait d'une vengeance.

André Thiennot, vingt-cinq ans, prolongeait la déposition de son oncle Brunet : lui aussi avait remarqué la camionnette au bois Jacques des Bœufs et qu'elle était remontée sur la Blinerie, une heure après, soit vers 16 h 30. À propos de Boistard, André Thiennot donna une tournure plus caractéristique au mensonge de Désiré Brunet : le garde s'en allait vers l'étang des Hautes Rondières, il tenait son fusil à la main droite et marchait courbé en deux et comme surveillant quelqu'un de l'autre côté de l'eau. André Thiennot parla, lui aussi, de vengeance.

Les faux témoignages de Désiré Brunet et d'André Thiennot s'ajustaient sauf sur l'horaire, puisque selon Désiré la camionnette quittait le bois Jacques des Bœufs à 15 h 30, à 16 h 30 selon André Thiennot. Moulin et Plisson notèrent, sans une remarque, ils étaient pressés et pas à une contradiction près.

De Prends garde à toi, il foncèrent, deux bons kilomètres, au village de Loups où Louise Boistard, on aurait dit, les guettait. Avec elle, ils ne perdraient pas de temps ; la camionnette des chasseurs pour commencer ; elle l'avait croisée à son retour de l'arbre de Noël du château et il était 18 h 30 ; les coupables, maintenant ; parmi les personnes du pays plusieurs, précisa-t-elle, avaient menacé son mari ; Alphonse Menand, le fermier du Coutand, sur la commune de Saint-Michel, et Gabriel Thiennot étaient les plus capables de mettre leur projet à exécution.

Alphone Menand, quarante ans, homme difficile à intimider et personnalité communiste du canton de Mézières, avait un alibi. Il chassait sur la commune de Rosnay, assez loin, dans les heures indiquées par ceux-ci ou ceux-là.

À la Blinerie, l'irruption de Moulin et Plisson n'étonna ni chez les Mis, ni chez les Grosjean. Dès le matin, les gendarmes s'étaient déployés de partout, alentour ; et ils l'avaient assez dit qu'ils cherchaient Boistard. Les témoignages de Jacob Mis, de ses fils Stanislas, Raymond et Jean, « le p'tit Jean », dix ans, furent simples ; la partie de chasse du 29 décembre se résumait à ce qu'elle avait été ; et aucune dispute n'avait pu se produire avec Boistard puisque personne ne l'avait rencontré. Jacob et Raymond citèrent à propos de garde-chasse M. Poupeau, du domaine de Sainte-Marie, qui avait interpellé leurs invités avant de leur indiquer le chemin.

Albert Niceron dit comme les Mis et que sur la fin de la chasse, il s'était absenté, son patron Christian Grosjean venait d'en témoigner : ils avaient rendez-vous tous les deux chez les fermiers Gaspard, à Marnoux. Niceron ajouta : « Je ne crois pas que ce soit quelqu'un du pays. » Raymond Mis avait affirmé, pour sa part, qu'il ne voyait personne de la région capable de commettre un « pareil acte » tout en admettant, cependant, l'éventualité d'une vengeance.

Il fut question aussi d'une équipée nocturne au cours de laquelle les invités de la veille seraient revenus avec leur voiture chez les Mis. Tous ceux de la Blinerie haussèrent les épaules : qu'est-ce qu'ils n'allaient pas chercher, le Moulin et le Plisson ! Mais une fois les deux gendarmes partis, ils n'y pensèrent plus, n'ayant rien à voir, en vérité, avec la disparition de Louis Boistard. Et pourtant, à travers cette enquête qu'on avait voulue expéditive, la décision d'Henri Béthune, qu'approuvait Jean Lebaudy, s'affichait : on excluait, dès les premières heures, toute autre hypothèse que celle de la culpabilité des chasseurs. Côté gendarmerie, les gradés autant que leurs hommes se courbaient devant les puissants : ils en subissaient la présence, ses effets. Leur morgue, à Béthune et à Lebaudy, on en tremblait au début et puis, on s'y habituait, mais à mesure que le temps passait, cet après-midi du 30 décembre, on percevait de plus en plus, sous leurs grands airs, comme de la hargne : il leur fallait un cadavre, des coupables, des aveux et que ça saute ! De quoi vous terroriser, quand vous êtes à leurs ordres, à leur merci.

On n'avait relevé aucune trace du garde, pour l'instant, que ce soit sur les terres qu'il surveillait ou aux étangs dont ils parcouraient les abords, Hautes et Basses Rondières et quelques autres, comme l'étang des Saules. Il paraissait tout de même délicat d'appréhender, sans preuve du crime, ceux que les maîtres du Blizon désignaient comme les auteurs ou les complices de l'assassinat.

En attendant, Lebaudy, Béthune et les gendarmes présumaient que les chasseurs étaient revenus avec la camionnette pendant la nuit, qu'ils avaient chargé le corps de Boistard, dissimulé dans la ferme des Mis, pour le transporter ; mais où ?...

Voilà où en était cette enquête fantasmatique, à 17 heures. Le jour déclinait déjà lorsque le lieutenant Nicaud eut enfin à sa disposition le chien policier qu'il avait demandé à la compagnie de Châteauroux, avec un maître-chien pour commander l'animal. La vue de ce chien les revigora tous, Béthune, Lebaudy, les gendarmes ; et ils firent quelques pas de plus dans l'absurde.

On se fia aux racontars d'André Thiennot pour lâcher le chien vers l'étang des Hautes Rondières : et il fila le chien, c'était à voir ! il fila, zigzagua, fit des cercles, des huit et s'arrêta. Le sol humide, la brume, les vingt-quatre heures écoulées depuis le passage supposé du garde, étaient cause de son désarroi, conclut le procès-verbal de la brigade de Mézières-en-Brenne, en date du 1er janvier 1947 ; ce procès-verbal omet une péripétie.

Après les Hautes Rondières, le chien se désintéressa aussi de l'étang des Saules, traversa la départementale 15, flaira en direction de Prends garde à toi et y courut. Il repéra une zone, des odeurs putrides qui l'avaient attiré ; elles émanaient du fagotier. On tira le chien en arrière, il bondit encore. Le lieutenant Nicaud lança un ordre. Il avait entendu ce que Béthune ou Lebaudy grommelait : « Pas de ça ! »

Le seigneur et son régisseur, très maussades, empruntèrent la départementale 15 pour gagner au plus vite la Blinerie, à un bon kilomètre. On y emmena le chien ; selon le procès-verbal, cité plus haut, il conduisit les enquêteurs à la ferme des Mis « sans hésiter ». Raymond Mis dira à l'instruction : « J'ai vu arriver, il faisait déjà nuit, les gendarmes avec le chien, mais je ne sais pas si c'est le chien qui conduisait les gendarmes ou si c'est les gendarmes qui conduisaient le chien. » (Procès-verbal du 17 mai 1947.)

Il était 18 h 30, la ferme des Polonais ne recelait rien qui pût rappeler Boistard, mais avant d'interrompre les recherches jusqu'à l'aube du 31 décembre, le lieutenant Nicaud signifia aux Mis qu'il maintenait la mesure prise dans la journée : aucun membre de la famille n'avait le droit de bouger de là. La surveillance de la ferme fut organisée et Jean Lebaudy sacrifia une partie de sa nuit pour prendre son tour dans ce guet.

Dès 7 heures du matin, Raymond et Stanislas allèrent au bois voisin se procurer des piquets d'acacia, symbole indispensable dans leurs coutumes à la fête de l'an neuf. Au retour, les gendarmes leur dressèrent un court procès-verbal, d'un contenu grotesque : les frères Mis reconnaissaient n'avoir pas fait preuve de bonne volonté pour participer la veille aux recherches, mais on leur concéda qu'ils n'avaient pas eu le droit de sortir. Ils reconnaissaient s'être absentés une heure « environ » pour couper les piquets...

À 8 heures, Lardeau reprenait les recherches avec ses gendarmes. Béthune lui envoya plusieurs employés du Blizon. Vers 9 h 30, le garde-chef René Beigneux s'écarta de la battue et eut la surprise de tomber sur Désiré Brunet en train de labourer, avec ses bœufs Macaron et Berlingot, une jachère, vieille de dix ans, en bordure de l'étang des Saules. À la vue de Beigneux, Brunet fit une pause, demanda des nouvelles et dit, rempoignant sa charrue :

— Attends donc que j'en aie fini de ce sillon. Ce serait bien rare qu'on le trouve point par là.

Ces paroles de Désiré Brunet, sur le moment, comme son labourage impromptu et hors de saison, frappèrent moins René Beigneux, qu'une espèce de monticule à la queue de l'étang ; il ne l'avait pas remarqué la veille. Il s'approcha, s'exclama :

— Ah ! le malheureux, il est là !

Brunet continuait à pousser sa charrue.

Le cadavre, face contre terre, surnageait, le bras gauche dressé. La veste de velours était retournée sur la tête et les manches dépassaient les bras. L'eau emplissait les bottes, à moitié enlevées. On avait tiré le corps dans l'étang, jeté autour de lui le fusil, la casquette, le carnier dont la bretelle était criblée de plombs.

Lardeau mit de faction les gendarmes Duris et Sarazin auprès des restes de Boistard. Duris mérite d'être cité pour l'air hilare qu'il crut devoir arborer à l'intention des photographes, pendant les sept jours, du 1er au 8 janvier 1947, au cours desquels on tortura les huit innocents à la mairie de Mézières-en-Brenne. Ce document, qui illustre la couverture du *Crime des puissants,* reste un des plus marquants de l'iconographie judiciaire : une allégorie de tous ces anonymes (ici Gabriel Thiennot) que l'on mène au supplice en riant, depuis des millénaires.

Fernand Sarazin, lui, prendra de l'importance dans l'affaire trente-huit ans après, en 1984. En décembre 1946, il avait vingt-sept ans depuis un mois et l'on savait, à la brigade de Mézières, qu'il prendrait du galon. Il terminera sa carrière adjudant-chef, le grade le plus élevé pour un sous-officier de gendarmerie. Il avait participé aux recherches, toute la journée du 30 décembre et le 31, jusqu'à la découverte du cadavre. Il arpentait maintenant, Duris à ses côtés, les bords de l'étang des Saules. Tout près, le prisonnier allemand employé à Prends garde à toi, Konrad Jakob, un quinquagénaire, avait remplacé Brunet derrière la charrue et il achevait de labourer la jachère ; il effaçait, par là même, les derniers indices.

Transporter du fagotier de Prends garde à toi à la queue de l'étang des Saules, soit cinq cents mètres, de nuit, dans la précipitation, un corps du poids de Boistard, qui était grand et costaud, avait contraint Brunet et ses aides à s'arrêter plus d'une fois pour souffler ; le sol, par conséquent, avait été maculé, conservait des empreintes, c'était l'évidence. À la brigade de Mézières-en-Brenne, on n'oubliait pas non plus la sarabande significative du chien policier devant le fagotier et l'ensemble des gendarmes se doutait que les choses s'étaient passées de cette façon. Mais tous respectaient une consigne de silence que la hiérarchie n'avait pas été amenée à formuler, Béthune et Lebaudy l'imposant d'emblée.

Fernand Sarazin et lui seul avait manifesté pendant les battues des velléités de procéder selon les règles du métier en matière criminelle ; ce qui entraînait, dans la présente enquête, une audition très poussée de Désiré Brunet et de son neveu André Thiennot. Le chef Lardeau avait pris Sarazin à part ; et voilà pourquoi il faisait les cent pas dans l'herbe grisonnante de la lande des Saules, en compagnie du collègue Duris.

Cette surveillance fastidieuse dura longtemps, mais vers 15 heures, il se forma au contraire un attroupement autour de la dépouille de Boistard. Un jeune juge d'instruction, René Haulon, vingt-sept ans, arrivait de Châteauroux avec le docteur Bougarel, médecin légiste. La 20e brigade de police mobile (le SRPJ de l'époque) déboulait de Limoges, en tout cinq inspecteurs et leur patron, un commissaire de vingt-huit ans, Georges Daraud. Lardeau suivi de Moulin et de Plisson accoururent comme pour une revue de détail. Il y avait de cela ; rien n'échappait à Béthune et à Lebaudy, premiers arrivés, René Beigneux dans leur ombre. Ils s'entretinrent avec Haulon, le magistrat, et Daraud, le policier, qui avaient tous deux l'âge où l'on pense à sa carrière.

Lardeau se tenait à distance ; un géant, Clément Lardeau, un géant aux poings lourds, que son regard noyé d'alcoolique faisait passer pour plus idiot qu'il n'était. Il prenait sa retraite dans quelques mois et cette affaire l'embarrassait ; aussi se contentait-il, pour l'heure, de superviser ses gendarmes. Ils avaient tiré le cadavre hors de l'eau, avec précaution pour que le docteur Bougarel pût l'examiner tel qu'on l'avait trouvé. Le médecin légiste disait :

— Quatre coups de feu dont un mortel. Trois ont été tirés de dix à quinze mètres, le quatrième à bout portant, dans le côté droit.

Moulin et Plisson inventoriaient ; les vêtements tout troués dans le dos à hauteur des épaules, le fusil du garde pas chargé ; ses papiers, sa commission de garde-chasse et son carnet de poche avaient disparu. Ce carnet devait contenir des renseignements compromettants pour « les assassins », selon l'expression des gendarmes ; les policiers de Limoges et d'abord Georges Daraud, le patron, préféraient dire « le ou les braconniers » ou encore ceux qui « lui voulaient du mal ». La montre découverte dans une petite poche de la culotte était arrêtée à 5 h 5. Moulin ou Plisson l'ouvrit, la remonta, elle se remit à fonctionner. Conclusion du procès-verbal du 1er janvier 1947 : elle s'était arrêtée d'elle-même, à 5 h 5. Daraud trancha : « À 17 h 5. »

Le corps fut transporté à l'hospice de Mézières-en-Brenne, pour l'autopsie. Émile Pinal aurait bien aimé y assister, mais Lardeau envoya Sarazin : il préparait — n'est-ce pas ? —, l'examen d'OPJ (officier de police judiciaire), une démonstration de science médico-légale lui serait profitable. Fernand Sarazin sortait ainsi, sans bruit, de l'affaire. Quand son chef l'avait rappelé à l'ordre, le matin, il avait d'ailleurs demandé et obtenu sur-le-champ une permission.

L'autopsie commença à 16 h 15, en présence de Jean Lebaudy, Henri Béthune et René Beigneux. Des curieux se poussaient autour du cadavre qu'on charcutait, dans un laisser-aller peut-être voulu ; ils colportaient des détails macabres et la bande de braconniers, une fois arrêtée, n'en serait que plus impopulaire. Le docteur Bougarel termina ses examens à 19 heures ; il avait bâclé. En 1982, la cour d'appel de Bordeaux, lors du premier recours en révision de Raymond Mis et Gabriel Thiennot, commit deux experts, le professeur Lazarini, médecin légiste, et Stanislas Laurent, armurier. Voici leur opinion sur le rapport du docteur Bougarel :

« Il s'agit d'un rapport de qualité médico-légale très médiocre et qui permet difficilement d'avoir une idée sur la qualité des blessures subies par la victime. Nous noterons tout d'abord que la taille du sujet n'est nullement indiquée et que de plus les gerbes de plomb ou ses plaies décrites ne sont jamais définies avec précision, il manque en particulier la distance de ces plaies au plan des talons.

« Les renseignements ne sont pas très clairs, car l'autopsie ne part pas de chaque impact ou plaie, pour définir avec précision un trajet. Nous retiendrons que le cœur n'a pas été touché, que le poumon droit avait quelques impacts de plomb au niveau de sa partie supérieure et que l'abdomen n'avait pas été lésé. L'estomac est plein d'une bouillie homogène en milieu de digestion, ce qui amène le médecin légiste à conclure que la mort se situe une heure après l'ingestion d'une collation. L'expert devait enfin noter qu'il n'y avait pas d'eau dans l'estomac, dans les bronches et la trachée.

« Les conclusions médico-légales étaient que le sujet avait été atteint :

« — par des plombs espacés sur l'épaule gauche ;

« — par des plombs plus serrés sur l'épaule droite ;

« — par un coup de feu qui avait labouré le bras et l'aisselle gauches (raturé droite), tiré à bout portant et par un coup de feu qui avait pénétré dans le flanc gauche qui a entraîné la mort.

« Cette description amenant le médecin légiste à affirmer que tous les coups ont été portés sur un sujet accroupi, le tronc horizontal, puis affalé sur le dos, devant recevoir le coup de grâce.

« Première remarque :

« Les constatations décrites ne permettent en aucune façon d'affirmer que le sujet était en position horizontale quand il a été atteint par les projectiles. Il y a du reste une antinomie quand on affirme que le sujet était "accroupi" le corps parallèlement au sol.

« Deuxième remarque :

« Il y a de nombreuses ratures, mais l'élément le plus important dans ces ratures est le fait que le bras gauche est remplacé par le bras droit et au niveau des conclusions, on parle du bras et de l'aisselle droites, puis raturé gauche. »

Ces ratures suspectes s'expliqueront, quelques mois après, le 12 avril 1947, pendant la parodie de reconstitution. Le professeur

Lazarini et Stanislas Laurent essayèrent de pallier l'insuffisance du rapport Bougarel en étudiant la photographie du cadavre. « Il n'y a malheureusement qu'une seule photographie, soulignent les experts, montrant la victime allongée sur le ventre le bras gauche surélevé. » Ce document leur permettra néanmoins deux remarques importantes :

« ... Le moignon de l'épaule gauche, c'est-à-dire la région deltoïdienne de cette épaule ne paraît en aucune façon avoir subi des impacts de plombs, ceci étant en opposition formelle avec la description du rapport d'autopsie.

« Il apparaît par contre aux experts étudiant de très près cette photographie... de multiples impacts de plombs espacés, intéressant la région thoracique postérieure gauche ; point qui n'est nullement signalé dans le rapport d'autopsie qui note même que "les plombs n'ont touché ni la poitrine ni le dos, mais seulement le deltoïde...". »

L'expertise Lazarini-Laurent de 1982 conclut, au point de vue médico-légal :

« Le rapport d'autopsie du docteur Bougarel est sans grande valeur médico-légale et les conclusions tirées par cet expert sur l'ordre des blessures et sur la position du sujet quand il a été atteint par les coups de feu ne reposent sur aucune base scientifiquement valable.

« De l'étude de ce rapport médico-légal incomplet et de la photographie, il est médicolégalement impossible de donner un ordre des blessures et la position du ou des agresseurs et de la victime.

« Il est regrettable que les plombs n'aient pas été saisis dans chaque zone d'impact, ce qui aurait grandement facilité le travail de l'expert armurier. »

Dans son analyse balistique du rapport Bougarel, Stanislas Laurent écrit :

« Dans ce rapport, nous trouvons certaines anomalies et contradictions balistiques. De plus, un manque presque total de précisions en ce qui concerne les emplacements des décharges et surtout un manque de définition des directions de leur pénétration dans le corps de la victime. »

Le docteur Bougarel remit son rapport au juge d'instruction Haulon, le 14 janvier 1947, mais dans la soirée du 31 décembre 1946, il avait déjà communiqué à l'équipe de la 20e mobile de Limoges le principal de ses conclusions, de toute manière approximatives ou, nous venons de le voir, erronées ; le commissaire Georges Daraud apprécia l'incompétence désinvolte du médecin légiste. Les éléments que Bougarel lui livrait, comme en vrac, suffisaient ; il trierait, voilà tout !

Georges Daraud avait un mode de sélection bien à lui. Comment, par exemple, inventa-t-il l'heure du crime ? En inversant l'hypothèse des gendarmes, la plus vraisemblable et selon laquelle la montre de Boistard s'était arrêtée d'elle-même à 5 h 5 du matin. Il est vrai que sur une montre à aiguilles, on peut lire 5 h 5 comme 17 h 5. Mais le garde était ponctuel, consultait souvent sa montre de poche et savait, c'était machinal, quand il devait la remonter.

Comment, d'autre part, Daraud évacua-t-il de l'enquête l'histoire du casse-croûte ? Le docteur Bougarel était crédible au moins sur ce détail puisqu'il relevait du constat : l'estomac de la victime était plein, en milieu de digestion d'une collation consommée une heure avant sa mort, « une collation (composée surtout de pain) » soulignait le médecin légiste. Où et avec qui Boistard avait-il pris cet en-cas ? Daraud simplifia : le garde avait été assassiné au milieu de l'après-midi, sa montre, arrêtée à 17 h 5, l'indiquait de même que « son estomac plein et en pleine digestion ». (Rapport Daraud du 12 février 1947.)

Mais le 31 décembre 1946 déjà, pendant que Bougarel s'activait à une autopsie qui ne vaudrait rien, les gros bras de la mobile de Limoges et les colosses de la brigade de Mézières-en-Brenne se faisaient la main sur le mètre cinquante-trois de Gabriel Thiennot.

IV

Il était retenu à la gendarmerie de Mézières, depuis le 30 décembre, Gabriel. Ce matin-là, vers 7 h 30, il avait quitté le domicile familial, 8, rue Bout-du-Monde, pour reprendre son travail, chez Ayala, avec Vincent Clanet, son chef d'équipe, un Catalan, un fin maçon, dont il était le manœuvre préféré.

Berthe Thiennot, sur le pas de sa porte, regardait son fils s'éloigner. Elle s'affolait pour des riens, mais cette fois la vue des gendarmes interceptant Gabriel lui rappela ce jour d'août 1944 où Octave lui était apparu sur le trottoir d'en face entre deux soldats allemands qui le poussaient du canon de leurs armes. L'un d'eux lui avait demandé si c'était bien son fils, elle avait fait non d'un signe de tête, Octave s'était élancé vers elle, mais les Allemands l'avaient entraîné ; il sera fusillé le même jour, à la sortie de Mézières. Et voilà que ce 30 décembre 1946, les gendarmes français lui prenaient son Gaby. Il dut sentir la terreur de la mère, se retourna :

— T'en fais pas, maman, je reviens tout de suite.

Elle le retrouvera dans sept ans et demi.

Moulin et Plisson avaient prétexté d'une vérification d'identité pour que Gabriel Thiennot les suive au bureau de la brigade. Dans leur procès-verbal du 1er janvier 1947, ils noteront : « Ce qu'il a fait sans hésitation. » Le planton était en mesure de surveiller la grand-place et tout ce qui se passait jusqu'à la montée vers Saint-Michel, à bien deux cents mètres, au-delà du pont sur la Claise, la rivière principale de la Brenne, derrière les peupliers. Mais Gabriel n'en vit pas tant ; à peine entré, il fut projeté d'une bourrade dans la pièce suivante. Moulin aboya :

— Et maintenant, tu le dis comment t'as fait avec Boistard ! Comment vous l'avez transporté cette nuit ?

Gabriel chercha à comprendre et reçut ses premières claques. 30 décembre 1946 au matin, 8 janvier 1947 au soir. Pendant ces dix jours, il a fait très sombre sur Mézières et sur la place de la foire aux porcs, comme elle s'appelait à l'époque.

Au moment où Gabriel Thiennot, le premier des huit chasseurs, s'avançait candide dans cette tragédie de l'innocence, examinons l'endroit. Au fond de la place, côté gauche, on est tenté de dire comme au théâtre côté jardin : la gendarmerie. Ses trois corps de bâtiment, vétustes, encadraient une cour caillouteuse, avec d'une part, le préau qu'un poteau soutenait en son milieu, d'autre part, des remises à l'abandon, des cagibis aux portes en planches disjointes. La cour s'ouvrait sur la place, par une grille qui n'avait rien de pénitentiaire, une grille de maison bourgeoise. Il n'y avait pas plus de cinquante mètres, entrecoupés d'une rue, de la gendarmerie à la mairie. Cette construction assez élégante dans le style des hôtels particuliers à un étage façon XVIIIe siècle fut surnommée « la mairie des supplices » par ceux qui militèrent, dès les années 50, en faveur de la révision du procès Mis et Thiennot.

Roger Morêve, le maire, n'habitait pas loin. Il tenait sa charge municipale par droit d'héritage, en quelque sorte : il avait succédé à son père, en janvier 1939. Le père Morêve, fils de facteur, était un ancien blaquier, charretier transporteur de grains, au service de Mme Barbarin, une commerçante en vins, en grains, agent d'assurances, par surcroît. Elle avait déshérité ses nièces et légué ses biens à son personnel. Morêve, le père, reçut la grosse part : le commerce, les terrains de l'ancien hippodrome de Picadon, le coffre avec l'argent et les titres. Morêve, le fils, avait de quoi faire face à bien des situations.

À la fin de mai 1944, la Gestapo s'empara de tout un groupe de résistants sur Châteauroux ; du 16 au 31 mai, treize membres du même réseau furent arrêtés. Le 1er juin, douze d'entre eux partirent de Limoges, enchaînés deux par deux. Tous furent déportés, cinq ne revinrent pas. Un jeudi de ce mois de juin 1944, Roger Morêve fut pris à son tour. La Gestapo l'emmena à son siège de Châteauroux, chemin de Mousseau, mais le transféra à Limoges où il était demandé par le chef de la Milice, Jean de Vaugelas, dont les parents habitaient Mézières. Morêve s'évada, peu après, avec quatre autres détenus. Radical-socialiste, il deviendra dans les années 50 député puis sénateur de l'Indre. Au moment de l'épuration, Jean de Vaugelas fut condamné à mort par contumace ; il avait réussi à gagner l'Argentine où il sera tué, par la suite, dans un accident de la route.

En août 1944, Gabriel Thiennot faisait partie du détachement du bataillon Carol, formé dans les maquis de l'armée secrète, et qui vint à Mézières rendre les honneurs au grand résistant Roger Morêve. Gabriel apprit l'exécution de son frère Octave par les Allemands, à l'occasion de cette prise d'armes. En 1972, aux obsèques de Berthe, sa mère, il refusa de serrer la main de Morêve, en raison de son attitude, au commencement de l'affaire.

Revenons au 30 décembre 1946, alors que Gabriel, rossé des heures durant, a dit quelques mensonges : le 29 décembre, il était rentré chez sa mère à 15 h 45, il avait tiré trois coups de fusil et n'avait tué aucun gibier. Et Boistard ? Il ne l'avait pas vu, hein ! Et sa disparition, il n'était pas au courant, tiens donc ! Comme il ne leur cédait pas, ses tourmenteurs s'énervèrent, Plisson, surtout, qui le soulevait en le tirant par les oreilles et l'envoyait donner du crâne contre le mur. Moulin tapait fort, lui aussi, mais il pensait à des « trucs », comme il disait, des trucs plus vicieux.

Gaston Moulin était un gros, un sanguin, très vif et qui avait de la pugnacité malgré son embonpoint ; lui, si jovial, paraît-il, dans la vie privée, se changeait en soudard dès l'uniforme revêtu. Il jouissait déjà rien que d'ouvrir sa grande gueule. Il s'oublia jusqu'à dire à Berthe Thiennot, en parlant de Gabriel :

— Vous auriez mieux fait d'élever une portée de cochons que d'avoir ça !

Au cours de la fête des bas instincts, de la débauche, c'est le mot, que furent ces dix jours de Mézières-en-Brenne, Moulin ne fut pas le dernier, pas le premier non plus, à pratiquer sur ces huit jeunes inoffensifs la torsion des parties génitales et lui, qui avait des pattes à émasculer un étalon comme de rien, il hurlait, couvrant le cri de sa victime.

— Pleure pas dessus, elles te serviront plus à rien, t'es foutu !

Quant à la « prière des juifs », il se targuait de l'avoir inventée. « C'est un truc épatant, affirmait-il, ça ne laisse pas de traces. Le supplice consistait à glisser entre les doigts des mains jointes des bâtonnets que l'on serrait, peu à peu. En quelques secondes le sujet passait du « Aïe ! » à la plainte longue de qui suffoque de douleur. Plisson, le balourd, et Duris, le rigolard, étaient des virtuoses de la tête contre les murs ; ils se saisissaient, pour ce faire, des cheveux ou des oreilles, comme nous l'avons vu à l'arrivée de Gabriel à la brigade, le 30 décembre. Émile Pinal préférait sévir dans les séances à plusieurs comme la partie de football où l'on se renvoyait l'homme-objet à travers une pièce, à coups de tête, à coups de pied. L'inspecteur Georges Giraud, dit « le général » excellait dans cet exercice, mais il s'emportait, tapait trop fort au visage ou au ventre. Maurice Parot et l'inspecteur chauffeur Jean Chermette cognaient dur, eux aussi, en dosant, toutefois, comme le patron.

Quand les huit, un par un, ont pénétré pour la première fois dans la mairie de Mézières, ils sont passés tous par le bureau, à gauche de l'entrée, où le commissaire Georges Daraud attendait, assis derrière une machine à écrire. Il a dit à chacun d'eux :

— Tu vois cette machine, c'est une machine à écrire, n'est-ce pas ? Et tu vois ce poêle, c'est bien un poêle ? Bon, eh bien, si je veux que tu dises le contraire, tu le diras. Tu verras ! on y arrivera !

Ils en frémirent, tous les huit. Il avait en plus un cou comme ça ! ce commissaire insensé et il pesait dans les cent trente kilos. Georges Daraud appliquait le principe antique de toutes les inquisitions, principe que son adjoint Maurice Vidal, de trois ans son aîné, formulait dans le langage de son temps :

— La police a les moyens de faire appeler poste de TSF un poêle à charbon.

Vidal ne frappait pas ; à tout le moins c'est lui qui le dit. Il était le chétif de cette bande de reîtres et il frappait sans doute peu mais, tortueux, il attendait ; dès qu'il estimait que les sévices avaient assez mûri le présumé coupable, il l'entreprenait en douceur, le laissait, le faisait parler. À la mobile de Limoges, on l'appelait « le confesseur » ou « le révérend » ; c'est toujours lui qui parle, quarante-trois ans après. Il a dû en prendre du plaisir à Mézières-en-Brenne pour que ça le travaille encore à soixante-seize ans ! Dans cette interview du *Parisien libéré* du 23 octobre 1992, il nous le jure : « Le patron n'a jamais giflé un suspect. Il était timide et comme moi haïssait la violence. »

Maurice Vidal, en Brenne, donna la mesure de ses capacités de pourrisseur. Le 31 décembre, dans l'après-midi, il participa avec Daraud à l'entretien préliminaire que Lebaudy et Béthune leur imposèrent dès leur arrivée, à l'étang des Saules, non loin du cadavre rigide de Boistard, le bras gauche brandi.

Pendant que Daraud restait avec les maîtres du Blizon, le juge Haulon et le docteur Bougarel, Vidal, ayant compris que Lebaudy et Béthune en tenaient pour la culpabilité des chasseurs, relança l'enquête, vite, vite. Lardeau et un ou deux de ses hommes le guidaient. Ils passèrent chez celle qui serait désormais « la veuve Boistard » et qui ne demandait qu'à témoigner dans le sens qu'on voudrait bien lui indiquer : il était 18 h 30 quand elle avait croisé la camionnette des chasseurs, 18 h 30, pas de doute, même que le domestique de M. Brunet, André Thiennot, le neveu, rencontré sur la route le lui avait confirmé, etc.

Lardeau et Vidal canalisèrent ce bavardage. Et la veuve Boistard eut des idées qui concordaient avec les leurs. La semaine précédant le drame, entre le 22 et le 28 décembre, Guy Mis, quatorze ans, avait ramassé un piège, tendu par le garde sur des terres à Lebaudy. Le samedi 28, Boistard avait exigé la restitution de ce piège ; comme Guy craignait d'être grondé par le garde, les époux Mis avaient envoyé leur plus jeune fille Irène, sept ans, rapporter cet engin. Et pour tout dire, elle n'aurait pas été surprise, la veuve Boistard, que les Mis, à cause de cet incident, aient ressenti de la haine et se soient vengés. C'était le 31 décembre au soir.

À la gendarmerie de Mézières, ils se relayaient ; Lardeau, lui-même, quand il rentra, donna sa raclée à Gabriel. Il commençait à ressembler à une chose pas encore en lambeaux comme dans les jours qui viendront, mais il s'abîmait, le visage tuméfié, sanglotait puis regimbait soudain : non ! il n'avait pas vu Boistard dans la soirée du dimanche ; non ! il n'avait jamais dit qu'il connaissait le chasseur qui l'avait tué. Non ! non !...

Il reconnut par contre avoir menti plusieurs fois : il était parti de la Blinerie avec la camionnette des chasseurs à 17 heures, non 15 h 30, il avait tiré six coups de feu, non trois et il avait tué un lapin. Il ne s'expliquait pas pourquoi il avait menti, pourquoi il avait « mal agi ».

Il s'essuya du revers de la main sa bouche, son nez gluants avant de signer le procès-verbal. Une fois remplie cette formalité, qu'il croyait la dernière, il se sentit serré au cou, giflé et il s'écrasa au mur de toute sa face, fut redressé comme il glissait, quel repos ! vers le sol. Il entendit la voix d'un des pochards, Moulin ou Lardeau :

— T'es en garde à vue maintenant. T'as menti, tu l'as reconnu. Faut qu'on contrôle, faut le temps. Faut pas oublier non plus tes menaces de mort à Boistard. Procès-verbal n° 1050 de notre brigade en date du 23 novembre 1944.

Il y avait plus de trente heures, sans nourriture, sans sommeil, qu'ils le massacraient. Ils finirent par l'emmener dans la cour et l'enfermèrent dans un des cagibis. Il essaya de s'allonger comme il put, mais ne tint pas longtemps : il avait trop froid (il faisait – 10°). Il passa de l'année 1946 à l'année 1947 en titubant dans le noir.

Le 1er janvier, à 10 heures du matin, Daraud fit une descente à la Blinerie chez les Mis. Il avait amené du monde, le commissaire au cou de taureau : Parot, Vidal, l'inspecteur chauffeur Chermette, Lardeau, Plisson. Ils perquisitionnèrent dans les quatre pièces et les deux greniers de la ferme et les dépendances. Ils s'étaient assurés de la présence constante de Jacob Mis, par souci de la légalité, lui diront-ils. Ils saisirent un pardessus d'homme déchiré et taché de sang, trois pantalons humides dont deux tachés de sang.

Jacob Mis leur dit :

— Ils sont humides parce que la maison est humide.

— Et les taches de sang alors ?

— Du sang de lapin.

Jacob avait raison, l'expertise confirmera, mais le 1er janvier 1947, au deuxième jour d'une enquête chimérique et que Béthune suivait d'heure en heure, du sang c'était du sang. Et on n'allait quand même pas discuter avec ce grand ivrogne de Polack. L'idée d'un Jacob Mis qui ne dessaoulait jamais naquit ce matin du nouvel an à la Blinerie, alors que ledit Jacob suivait de près et sans vaciller à midi bientôt les extravagances de Daraud. Il faisait saisir le chandail kaki que Stanislas portait parce qu'il venait d'y déceler une tache de sang sur l'épaule gauche et sur le devant. Et voilà que le commissaire ordonnait à Raymond de se déchausser : la semelle de ses galoches s'adaptait, c'était tout vu, à l'empreinte relevée auprès du corps de Boistard, à l'étang des Saules. Le commissaire en dira autant des galoches de Gabriel. Et l'expertise, comme pour les taches de sang, lui donna tort ; l'empreinte de l'étang des Saules révélait une petite pointure et la galoche de Lucien Brunet qui avait douze ans aurait peut-être correspondu. Mais il était bien question de ceux de Prends garde à toi à ce moment précis !

On approchait de 13 heures, ils harcelaient Saloméa Mis, la mère, quarante-trois ans ; et elle franche, précise, répondait de son mieux, la camionnette des chasseurs était repartie vers

17 heures et n'était pas éclairée en sortant de la cour. Raymond et Stanislas avaient alors soigné les bêtes, c'était tout. Elle n'avait pas lavé de linge depuis le mardi 17 décembre, pas de veste ni de pantalon, en tout cas. Elle dit pour finir, puisqu'on le lui demandait et que c'était vrai : oui, son mari était ivre depuis midi, le dimanche 29 décembre. Mais ce 1er janvier, Jacob tenait debout et s'agaçait de ces pinailleries à propos d'une lessive : qu'en savait-il, lui Jacob, si Saloméa avait lavé un pantalon ou des vestes de travail ! D'ailleurs, le linge des enfants de sa dernière lessive, le samedi 28, séchait sur un buisson, dans le jardin.

Voilà ce que Vidal dit de cette scène quarante-trois ans plus tard, il est vrai, mais il prétend que l'affaire est restée là dans sa tête comme aux premiers jours de l'an 1947 ; et la version qu'il donne caractérise cette manière de truquer qu'il a, comme spontanée :

— Il y avait des pantalons d'hommes qui séchaient sur une corde... la mère a pris une statue de la Vierge. Elle nous implorait. Nous sommes sortis dans la cour. Alors la mère s'est jetée par terre et a enserré mes jambes. — Et il ajoute, ménageant son effet : Savait-elle quelque chose ?...

Vidal, comme tous les fourbes, se sert des autres en dénaturant tout ce qu'ils disent, tout ce qu'ils font. Les Mis, semblables à une majorité de Polonais, vouaient un culte à la Vierge, mais Saloméa n'a pas pris la statue, elle l'a suppliée. Dans la cour, sa fille Irène (sept ans alors) s'en souvient, la mère s'est jetée, en effet, aux pieds des policiers, elle a même embrassé les guêtres d'un gendarme. Mais Vidal, comme toujours quand ça l'arrange, a omis l'essentiel.

Il était plus de 13 heures, à la Blinerie, ce 1er janvier 1947, et à cause de « nombreuses contradictions » et des « vérifications nécessaires », on lui arrachait, à Saloméa prosternée, ses deux grands fils dont elle était si fière. « Savait-elle quelque chose ?... » insinue l'autre. Oui elle savait ; ce qu'ils allaient souffrir, toute sa chair le savait.

Dès l'arrivée à la gendarmerie vers 14 heures, Jacob Mis, qu'on relâchera dans la nuit, fut séparé de ses fils. Stanislas et Raymond, chacun dans une pièce, eurent peu à parler : Lardeau, Moulin, Plisson et aussi Pinal, quand ça le prenait, s'acharnèrent sur eux, comme par principe. L'inspecteur Georges Giraud, dit « le Général », celui qui tapait trop fort, s'en mêla, une fois de plus on dut le modérer.

Dans un autre local, Gabriel endurait depuis le matin coups et insultes : cela faisait plus de quarante-huit heures maintenant qu'on le battait, qu'on l'affamait. Il larmoyait, s'enrageait, s'obstinait ; à la partie de chasse du 29 décembre, il ne s'était rien passé, personne n'avait vu Boistard et il n'en dirait pas davantage.

Béthune commençait à gronder : on perdait du temps avec cette larve ! Le régisseur, sa mine de travers, déambulait comme chez lui à la brigade. Chaud vêtu, son feutre enfoncé sur le crâne, il parlait haut, emplissait à lui seul, de sa présence redoutée, la place de la foire aux porcs dont les habitants se tenaient cois ; d'abord parce qu'il faisait trop froid pour sortir, ce premier de l'an, ensuite et surtout, parce qu'il valait mieux ne pas se montrer, avec ce branle-bas à la gendarmerie.

Mézières-en-Brenne savait que le garde-chasse Boistard avait disparu ; c'était annoncé dans *La Nouvelle République* et *La Marseillaise* du mardi 31 décembre. Mais autour de la place, derrière les volets, derrière les rideaux, on avait assisté à une scène dont on préférait ne rien penser. Une des filles Thiennot, Jeanne, était venue dans la matinée avec un sac à provisions, le gendarme Pinal lui avait signifié de repartir. Ceux de la place étaient trop éloignés pour avoir entendu Émile Pinal, sarcastique, dire à Jeanne :

— Non, non, il n'a besoin de rien. On lui a donné ce qu'il lui faut ce matin et il en aura encore ce soir.

En début d'après-midi, les gendarmes et les policiers avaient capturé, semblait-il, trois individus, puisqu'ils les malmenaient à leur descente de voiture ; trois grands gaillards, deux très jeunes, l'autre était un homme fait ; des Polonais à ce qu'on disait.

Dès que Stanislas et Raymond eurent été livrés à leurs premiers bourreaux et pendant qu'on entendait Jacob dressant un procès-verbal, ce qui s'annonçait long, Henri Béthune tapa du pied : on traînait, elle était simple, pourtant cette affaire. Et il voulut figurer dans la procédure dès ce 1er janvier 1947, à titre de témoin à charge. Le commissaire Daraud dactylographia lui-même sa déposition.

Béthune rappela, mais toujours sans citer de Paul Naudet, comment Louise Boistard était venue le réveiller au Blizon, dans la nuit du 29 au 30 décembre. Sa conviction que Boistard avait été tué par un braconnier, il l'avait acquise à l'issue des recherches sans résultats du 30 décembre. Après la découverte du corps à l'étang des Saules et les révélations de son métayer Désiré Brunet, il s'était « immédiatement douté » que les chasseurs de Palluau étaient coupables ; la dispute avec le garde à l'étang Nuret expliquait tout. Quant à Thiennot, il avait suffi au régisseur de se souvenir des menaces de mort que le « nommé Gabriel » avait proférées contre la famille du garde, deux ans auparavant.

Béthune concéda qu'il ne possédait aucune preuve précise.

Pendant qu'il mettait au point avec Daraud ce procès-verbal répétitif, simplificateur, donc efficace, les inspecteurs de la 20e mobile de Limoges lançaient leur rafle sur Palluau. Ils demandèrent l'hospitalité au chef de la brigade, Marcel Maillet ; sa gendarmerie leur servirait de dépôt pendant qu'ils embarquaient les assassins de Boistard. Leur traction avant Citroën, « la onze chevaux », démarra comme dans les films et il ne leur manquait guère que les manteaux de cuir pour ressembler à toutes les flicailles, gestapiste, vichyste, milicienne, nationale qu'on avait trop vues.

Et puis, Daraud, Georges Daraud, il avait bien été commissaire à Le Blanc, sous l'Occupation. Il prétextait du marché noir pour fouiller partout, pénaliser le moindre écart et faire croire que certains, il ne tenait qu'à lui qu'on les voie encore. Sa belle-mère avait caché pendant huit jours un parachuté de Londres, Pierre Lefranc (futur préfet de l'Indre), et elle avait tremblé tout ce temps, la brave Mme Launay : si son gendre l'apprenait, lui qui dénonçait aux autorités et à la Kommandantur les « communo-gaullistes » !... Dans l'Indre, on avait arrêté deux fois plus de Juifs que dans le Cher, à quoi était-ce dû, sinon au zèle de tous les Daraud du département !

Marcel Maillet n'avait rien de commun avec des policiers comme ceux-là. On l'appelait « le gros Maillet » parce qu'on l'aimait bien. Pendant la guerre, il avait aidé les maquis tant qu'il pouvait. Il se tenait en liaison avec la Résistance par l'intermédiaire du fils Gauluet, de Palluau. En 1943 sa brigade fut chargée d'envoyer Stanislas Mis au STO, le Service du travail obligatoire en Allemagne. Il avait sauté sur sa bicyclette et grimpé aux Augères prévenir les Polonais.

Aux Augères, toujours, Marcel Maillet avait pour ami Georges Chauvet, qui était resté longtemps en brigade avec lui à Palluau avant sa retraite. C'est pourquoi le chef Maillet fut très surpris quand Jean Blanchet descendit de la traction des hommes à Daraud et abasourdi quand ils lui ramenèrent André Chichery. Ces deux-là auraient trempé dans le meurtre, avec préméditation, du garde-chasse ? Tout ce qu'on pouvait dire de Jean Blanchet et d'André Chichery, c'était que l'un, à vingt et un ans, passait déjà pour un passionné de la chasse, tandis que l'autre, à vingt-six ans, aimait toujours autant la solitude.

Chez les Blanchet, aux Bruères, comme aux Augères, chez les Chichery, on vivait de la terre, on avait quelques biens, on ne demandait rien ; des bonnes familles et Jean et André de bons garçons.

La traction revint une dernière fois, Bernard Chauvet, le grand fils, dix-huit ans, le fils unique de l'ami Georges, en sortit, moins nonchalant que d'habitude, mais sans manifester d'appréhension. Du premier étage de la brigade, la fille Maillet le héla : un 1er janvier, il pouvait au moins monter souhaiter la bonne année à son ancienne camarade d'école de Palluau. Bernard disparut dans l'escalier, les inspecteurs mirent quelques minutes à se rendre compte que l'assassin Bernard Chauvet n'était plus parmi eux.

Cette scène sera la seule de l'affaire où passe une bouffée de fraîcheur, comme un signe d'adieu, moqueur et triste, de la jeunesse. Sur le coteau des Augères et des Bruères, un peu plus haut, d'où l'on a vue sur les peupleraies, le bocage et les bois somptueux de la vallée de l'Indre, dans ces deux hameaux de dix feux en tout, il y avait, entre 1940 et 1945, quatorze enfants d'âge scolaire dont Guy et Jean Mis. Ils allaient ensemble à la communale de Palluau, sur le coteau d'en face, qui se distinguait par son grand château, loin au-dessus des arbres de la rivière. Au mois de mai, le mois de Marie, on se réunissait certains soirs pour chanter dans une grange des Augères autour de la statue de la Vierge sur son autel d'aubépines.

Bernard Chauvet, quand il redescendit de l'appartement de la famille Maillet, au-dessus de la brigade, fut assailli, ceinturé, souffleté :

« T'as voulu fuir, petit salaud, tu vas voir ! » Marcel Maillet secoua Parot et Chermette, les écarta, dégagea Bernard et s'adressa à Vidal qui s'était tenu en retrait, prudent :

— Pas de ça dans ma brigade. Tant qu'ils seront ici, ces trois-là, vous n'y toucherez pas. — Il ajouta, fataliste : Après...

Jean Blanchet, André Chichery, Bernard Chauvet, trois de plus, place de la foire aux porcs et cela fit trois de trop. À la brigade, ils étaient les uns sur les autres, s'agitaient. Béthune, l'œil torve, réprouvait ; l'affaire se bloquait, Thiennot, les frères Mis prenaient les coups, et encore des coups, sans se dédire ; les trois nouveaux venus, on pouvait toujours les marteler, ils étaient en sang, ils geignaient, ça oui, mais ils disaient pareil que les autres.

Restaient Christian Grosjean, pas tout à fait dix-sept ans, chien fou, drôle de cultivateur, drôle de maître et Albert Niceron, son domestique, le demeuré, tout en longueur, fuyant, pleutre. Mais leurs deux récits de la chasse du 29 décembre correspondaient aux procès-verbaux de leur premier témoignage, tels que Moulin et Plisson les avaient dressés, le 30 décembre. Grosjean réaffirmait qu'il n'avait vu aucun garde-chasse de tout l'après-midi. Niceron, entendu à part, employa les mêmes termes. Daraud insista :

— Et en chassant autour de la Blinerie, tu n'as pas vu le garde-chasse ?

Niceron fit « non ».

— Et quand vous avez quitté les autres, en partant sur Marnoux, tu ne l'as pas vu, le garde-chasse ?

Niceron, encore une fois, fit « non ». Daraud et Vidal évitèrent de le brusquer, mais là était la faille, dans la faiblesse de cet escogriffe. On verrait demain.

En fin de journée, la mairie de Mézières fut ouverte au commissaire par le maire lui-même. Comment Roger Morêve aurait-il pu refuser ce service à Jean Lebaudy ? Il autorisa Daraud à occuper cette pièce du rez-de-chaussée, à gauche de l'entrée, où il réceptionnerait ses victimes, on a vu de quelle manière. Au premier étage, il disposa d'une salle avec fenêtre sur la place.

Le commissaire massif, au cou épais, était une machine à meurtrir la personne humaine, mais il connaissait l'histoire de la justice ; n'était-il pas licencié en droit, diplômé des hautes études de droit civil et certifié de sciences pénitentiaires ? Il appela « chambre basse » la pièce du rez-de-chaussée où se pratiquèrent les passages à tabac avec la variante, la partie de football. La salle du premier étage ou « chambre haute » fut réservée aux sévices plus horrifiques, tels que la torsion des parties, l'agenouillement sur la tringle triangulaire, la prière des juifs, les coups en vrille dans les côtes. Cela rappelait l'Ancien Régime, la religion des aveux, l'instruction secrète, la sellette, cette espèce de trépied sur lequel l'accusé devait rester assis des heures durant, en équilibre instable, la question, enfin, l'ordinaire et l'extraordinaire.

Daraud n'opérerait à la mairie, c'était d'accord avec Roger Morêve, qu'en dehors des heures ouvrables et si possible, tard le soir, quitte à œuvrer jusqu'au petit matin. Ainsi, le 1er janvier 1947 ne finit pas à minuit pour les inquisiteurs de Mézières-en-Brenne. Gabriel Thiennot inaugura la chambre haute.

— Allez, à poil ! à genoux ! tends les bras ! redresse-toi ! bien droit, le dos !

La tringle ouvrait les chairs comme un rasoir, grattait l'os. Dès qu'on faiblissait, des manchettes sur les reins, aux omoplates rappelaient à l'ordre ou achevaient. Les cicatrices aux genoux, cinquante ans après, ont la largeur d'un doigt. Raymond Mis succéda à Gabriel, puis Stanislas. Moulin eut la satisfaction de vérifier quels cris, quelle plainte longue, bien déchirante, on obtenait avec la prière des juifs.

Dans la chambre basse, on criait plus bref ; le coup de poing du premier envoyait sur le coup de pied du deuxième qui renvoyait à un troisième, pour le coup de tête ; si l'on faiblissait, un seau d'eau glacée vous requinquait ;

et ils étaient capables de s'amuser de cette manière pendant plus d'une heure.

Roger Blarda, qui deviendra, des années plus tard, un grand ami de Gabriel, travaillait alors chez le bourrelier Jouannet, de l'autre côté de la place. Dès le matin du 2 janvier, Lardeau, le géant ivre, inventa un jeu dans la cour avec ceux de sa brigade. Roger Blarda vit, comme beaucoup de gens de Mézières et comme eux à tout moment de tous ces jours, il vit des hommes s'élever plus haut que la grille, plus haut que le mur d'enceinte, battre des bras, des jambes, avec des grands râles, avant de retomber ; les tortionnaires s'esclaffaient, se saisissaient d'un autre par les pieds, par les aisselles et à la une, à la deux, à la trois, Hop ! Hop ! vois le mannequin ! mais ils ne le rattrapaient pas avant le sol.

Dès la nuit du 1er au 2 janvier, les hurlements commencèrent, on les percevait par-delà la place. Ils ne cessèrent pas tout au long du jour, à la gendarmerie, reprirent avant minuit à la mairie et ainsi tout le temps, pendant sept fois vingt-quatre heures.

Mme Robin, la femme d'un facteur, une grande cardiaque, qui habitait derrière l'hôtel de ville, mourra à force de sursauter à chacun de ces cris de bête qu'elle savait poussés par des hommes.

V

La population de Mézières-en-Brenne fut bientôt fixée sur la conduite à tenir. Une partie des habitants du chef-lieu dépendait, rappelons-le, du bon plaisir d'Henri Béthune à la régie du Blizon. Alors, toutes ces histoires, de cris et de tortures, place de la foire aux porcs, qu'est-ce que c'était comparé à ce qu'on lisait dans le journal ! *La Marseillaise* du 2 janvier 1947 titrait : « Le corps du garde-chasse Boistard est retrouvé dans un étang de la Brenne. Le malheureux a été sauvagement abattu de quatre coups de fusil » et *La Nouvelle République :* « Le garde-chasse Boistard de Saint-Michel-en-Brenne disparu mystérieusement dimanche a été abattu par des braconniers. »

Les journalistes des grands quotidiens de la région étaient chez eux à la brigade de Mézières ; leurs articles démarquaient les procès-verbaux de l'enquête ; rédigés le 1er janvier, ils reprenaient l'affaire depuis le début, telle que les gendarmes la leur avaient décrite, déclarations de Désiré Brunet et d'André Thiennot à l'appui.

À l'instigation des enquêteurs, la presse régionale de ce 2 janvier consacrait comme témoins irréfutables le tueur et son neveu, au moins complice de l'avoir aidé à transporter le corps de Boistard, du fagotier de Prends garde à toi à l'étang des Saules, dans la nuit du 30 au 31 décembre. Depuis un demi-siècle, tous les policiers, tous les juges ont feint de prendre au sérieux les mensonges de ces deux malfaiteurs. *La Marseillaise* et *La Nouvelle République* révélaient que les enquêteurs connaissaient le nom de tous les chasseurs « qui, après un bon repas à la Blinerie, s'étaient égarés sur les terres de M. Lebaudy », ceux de Palluau et de Saint-Genou étaient, d'après la presse, interrogés sur place tandis qu'on amenait à la gendarmerie Jacob Mis et ses fils Stanislas et Raymond « d'une vingtaine d'années » et le « jeune Gabriel Thiennot, dix-neuf ans, de Mézières-en-Brenne, maçon chez M. Ayala ». *La Marseillaise* estimait cette piste « embrouillée » mais elle « fourmillait » d'éléments intéressants. *La Nouvelle République* se troublait de ce que la montre du garde s'était arrêtée à 17 h 5, au moment précis où une fusillade avait été entendue du côté des étangs des Rondières. Dernière information : les obsèques de M. Boistard auraient lieu à Mézières-en-Brenne, le vendredi 3 janvier à 10 h 30.

Le jour de l'enterrement du garde, le communiqué suivant parut dans l'ensemble de la presse : « La Société départementale des chasseurs de l'Indre flétrit au nom de tous les chasseurs du département le crime odieux commis contre le garde particulier Boistard, lâchement assassiné dans l'accomplissement de son devoir professionnel, s'incline respectueusement devant la victime, présente à sa famille l'expression des condoléances des chasseurs de l'Indre et demande que le ou les auteurs de cet inqualifiable attentat soient activement recherchés et sévèrement punis. »

Ce communiqué lyncheur s'accordait avec le geste de Roger Morêve ouvrant, le 1er janvier, sa mairie aux tortionnaires et avec la venue de Jean Lebaudy, le 2 janvier à la brigade de Mézières. Le maître du Blizon avait désiré se faire entendre, par procès-verbal. Le garde Boistard, selon lui, était bien avec tout le monde, sans défaut, d'une moralité parfaite. En 1944, il n'avait pas caché à son patron les menaces des membres de la famille Thiennot et d'autres personnes. La disparition de son garde, il l'avait apprise le 30 décembre, par Béthune et pensé aussitôt, comme son régisseur, qu'il avait été « victime d'une agression » le dimanche 29. Jean Lebaudy tint à rappeler sa participation aux battues du 30 décembre, « toute la journée ». À propos des recherches du chien policier, dont il avait été témoin, il gomma l'épisode du fagotier et mit en cause « la famille polonaise Mis ». Boistard lui aurait signalé l'incident du piège et qu'il surveillait de près les Mis ainsi que des membres de la famille Thiennot parce qu'ils braconnaient, sans doute, sur les terres du Blizon.

Pendant cette déposition qui équivalait à un réquisitoire, Béthune, un sac à chaque main, suivi de quelques-uns de ses gens, aussi chargés que lui, déposait à la gendarmerie du vin, du champagne, des cigarettes. Tout Mézières fut au courant de cette livraison ; il y en aura d'autres, au jour le jour.

La veuve Boistard succéda à Jean Lebaudy dans les bureaux de la brigade, pour un témoignage que l'on espérait décisif. Il lui était demandé de préciser, d'aggraver, si elle préférait, ses accusations, Daraud l'avait convoquée exprès pour cela. Elle ne les déçut pas : Gabriel Thiennot avait menacé son mari à plusieurs reprises, il lui avait dit qu'il le descendrait. Voilà qui était, en effet, assez neuf. Elle répéta qu'elle croyait « ce jeune homme capable d'avoir mis sa menace à exécution ». Mais elle reconnut, juste après, qu'une fois l'algarade de novembre 1944 réglée à l'amiable, ni son mari, ni elle n'avaient eu d'autres différends avec Thiennot.

Elle compléta ensuite le témoignage de Lebaudy au sujet des Mis ; ils braconnaient sur l'étang des Basses Rondières au passage des canards, mais ils ne s'étaient jamais fait prendre, malgré la vigilance de Boistard. Elle se souvenait maintenant d'avoir dit à son mari, le 29 décembre, au cours du déjeuner, qu'un groupe de chasseurs était à la Blinerie. Il lui avait répondu qu'il irait faire un tour du côté des Rondières pour les surveiller.

Du côté des Rondières !... Dans cette enquête, à la recherche, d'abord, d'elle-même et de sa propre vraisemblance, qu'est-ce que les enquêteurs allaient bien pouvoir trouver de ce côté-là ? Ils se mirent à six, Vidal, Parot, Chermette, Lardeau, Pinal, Plisson, six sous la conduite de Daraud, pour relever une empreinte de galoche qui ne correspondait à rien, aux abords de l'étang Nuret et ramasser, à la queue de l'étang des Hautes Rondières, divers bourres et cartons, calibre 16. Dans son rapport final du 12 février 1947, Daraud écrira que ces bourres et cartons lui ont paru « être depuis peu de temps » à cet endroit. Le 2 janvier, cela faisait près de quatre jours que le garde était mort.

Le procès-verbal de cette équipée du 2 janvier décrétait que Boistard avait été abattu près de ces bourres, contre une haie qui séparait la propriété Lebaudy des terres louées par Jacob Mis : « les inculpés », soulignait-on, l'avaient eux-mêmes indiqué. Double mensonge : le juge d'instruction Haulon n'inculpait personne pour l'instant et aucun des huit captifs ne parlait.

Au fond de leurs cagibis, ils essayaient de récupérer. Les affres de la première nuit se renouvelleraient, de même que les sauts en l'air dans la cour de la gendarmerie. Ils se bougeaient, gourds de froid, exécutaient une danse de l'ours, en ahanant.

Cet après-midi du 2 janvier, les frères Thibault les avaient rejoints. Émile arriva le dernier. Des hommes de Daraud étaient passés, pendant qu'il visitait des paysans qui avaient des bêtes à vendre, dans la campagne de Saint-Genou. Quand il rentra à la boucherie, sa mère, Marie Thibault, lui annonça, anxieuse, que les policiers avaient emmené Gervais afin de le questionner sur la mort du garde Boistard. Émile la tranquillisa :

— Qu'est-ce qu'on aurait à voir là-dedans, nous ?

Les inspecteurs revinrent ; dès qu'ils l'eurent coincé dans la traction, ils firent les méchants :

— Tu parles, oui ! et plus vite que ça !

Il se rebiffa, fut malmené, se ramassa sur lui-même. Outre les haleines fortes, les odeurs de suint, il se dégageait d'eux, comme de tous les hommes de main, quelque chose de cadavérique, qui figeait.

Place de la foire aux porcs, on éjecta Émile de la traction et on le poussa à l'intérieur de la mairie où on le laissa dans une pièce. Gervais, son frère, entra par une porte et lui dit, désemparé :

— Je ne sais pas ce qui se passe, ils veulent qu'on ait tué Boistard.

La porte par où était venu Gervais se rouvrit et il s'en fut. Les policiers reconduisirent Émile à la voiture dans laquelle ils le laissèrent seul, un long moment. Soudain, il entendit hurler, reconnut la voix. Il bondit jusqu'à la mairie et se mit à crier dans le couloir : « Mon frère ! Gervais ! Gervais ! »

Daraud, qui parlait à un groupe, l'empoigna : « Tu vas foutre le camp, toi ! » et il le catapulta à l'extérieur. Émile, maîtrisé, prit quelques coups, se sentit soulevé, emporté jusque dans la cour de la gendarmerie, on l'envoya valdinguer dans un cagibi. Il ne reverra pas Gervais avant le 8 janvier, mais il l'entendra crier.

Il se releva, peina pour retrouver son souffle et s'assit sur le bat-flanc. Le froid, il n'en souffrit qu'après. Il avait vue, par les planches disjointes de la porte, sur certaines parties de la cour, de son cailloutis, sur le pilier du préau, en face, où quelqu'un y était attaché. Quelqu'un de grand, ses vêtements tout déchirés et qui fléchissait des genoux, penchait le buste, dodelinait de la tête. Un gendarme vint à passer, fit semblant de ne pas voir le prostré du pilier, mais après un brusque demi-tour, fonça dessus, lui bourra les côtes et l'estomac de ses poings puis il le prit par les cheveux et l'envoya donner du crâne contre le pilier.

— Tu vas te souvenir ! Rappelle-toi, bon Dieu, rappelle-toi, dis-le, mais dis-le donc !

Et le martyrisé gargouillait :

— Mais quoi ? Mais quoi ?

C'était l'heure des contrastes, des couleurs avivées par la dernière lumière du jour et Émile identifia Stanislas Mis, malgré son rictus, son teint terreux, sa bouche et son menton ensanglantés. Le gendarme était Marcel Plisson, Émile l'apprendra plus tard.

Dans la nuit du 3 au 4 janvier, il fera connaissance avec Daraud, première porte à gauche, au rez-de-chaussée ; ce sera la première de ses parties de football au cours desquelles il perdra une dent. Dans la journée du 3, Lardeau, devinant que ce bout d'homme d'un mètre soixante, serait dur au mal, lui tanna le cuir de ses gros poings avant de le passer à Moulin pour une prière des juifs.

— Les mains jointes ! Écarte les doigts ! Voilà, c'est bien ! Encore un peu ! plus fort ! t'apprends vite, mais crie donc pas comme ça !

Une des baguettes lui écrasa le troisième métacarpe, de l'annulaire gauche. On le ramena hagard, dans son cagibi.

Le crépuscule assombrissait la cour, ils en étaient tous à ne plus reconnaître leurs gémissements de ceux des autres. Ils subissaient la même torture, alors, le froid ; le froid qui agissait sur leurs plaies comme du sel. Ils claquaient des dents, tremblaient, pareils à des convulsionnaires ; et ils n'y pouvaient rien. Ils en auraient oublié, presque, qu'ils n'avaient rien mangé depuis des jours. Ils pensaient davantage, ou bien c'était leurs corps qui y pensaient pour eux, que tout à l'heure, dans Mézières en sommeil, la lumière se ferait aux fenêtres de la mairie, vers minuit. Ce qui arriva. Et les huit innocents de la Brenne crurent, cette fois, qu'ils y passaient.

Les brutes de la chambre basse, comme ceux de la chambre haute cherchaient à tuer, à mutiler ; des automates déréglés ; l'alcool mêlé à la violence, à la peur aussi, face à ces gringalets tout nus, hurlant à s'en crever les tripes et qui s'entêtaient : « Non ! quoi ? » alors que le crime, on pouvait enfin leur mettre le nez dedans, cette nuit du 3 au 4 janvier :

— Niceron, ça ne te dit rien ? Il était avec vous, non ? Il a tout vu, il a tout dit !

Albert Niceron, le simple, le pauvre diable, avait parlé en effet.

Des experts psychiatres examineront Niceron, en 1954, avant sa comparution devant la cour d'assises de l'Indre, pour incendie volontaire d'une grange. Nous reviendrons en temps voulu sur cette affaire. Mais parmi les observations les moins contestables des psychiatres, il en est qui s'appliquent au Niceron de 1947.

Albert Niceron était né le 20 janvier 1925 à Tours. Sa mère avait un autre fils, « un minus alcoolique » qu'Albert ne voyait jamais. La mère avait divorcé d'avec le père de ce premier enfant, un nommé Chapuron et elle eut celui qui nous importe d'un inconnu. La grand-mère éleva le gamin, le maltraita. Il alla peu à l'école et à huit ans, il suivit sa mère dans les fermes qui l'employaient comme domestique. Albert Niceron fut placé à douze ans comme gardien de troupeau, plus grand, il devint ouvrier agricole.

« Les connaissances scolaires de Niceron sont nulles. Il sait écrire son nom et même son prénom, mais il est incapable de lire, c'est incomplètement qu'il connaît l'alphabet et il se trompe souvent en épelant. Il lit l'heure, mais la grande aiguille le gêne et il s'embrouille en dehors des heures, des quarts et demies.

« Il compte sur ses doigts, pour additionner, commet des erreurs fréquentes, il sait la valeur des billets de banque et des pièces, mais il additionne, comme des unités entre elles, les billets de mille, de cent, et les pièces de bronze. Toutefois, il est très fier de savoir reconnaître les billets de banque et il ne manque pas de nous dire que son demi-frère Chapuron en est incapable et il a un large sourire niais et satisfait ! »

Les tests lui donnent un âge mental de sept à huit ans, « ce qui correspond à la débilité mentale profonde. Il n'était pas capable de s'occuper correctement du bétail qu'on lui confiait, il dépensait son argent inconsidérément, comme un enfant, à ses jours de sortie, achetant des bonbons, ne faisant aucune dépense de vêture, se tenant très malpropre ».

En 1954, Niceron donna différentes versions de l'incendie de la grange dont il s'était rendu coupable. Et les psychiatres, perplexes, notent : « Niceron lui-même déclara qu'il avait peur des gendarmes et que c'était à cause d'eux qu'il n'a pas tout de suite dit la vérité. » Et devant le juge d'instruction, la première fois, il aurait changé de version « parce que les gendarmes étaient présents, ils ne disaient rien, mais ils étaient là. Il y a dans ces variations un symptôme de plus d'infantilisme » !

Conclusion : « C'est un simple d'esprit, puéril, influençable, honnête, donnant assez peu satisfaction dans son travail, instable, de caractère pas toujours excellent, très malpropre. » Voilà quelle était la créature. Voyons maintenant à quoi on la fit servir.

Le 3 janvier 1947, en fin de journée, Niceron fut entendu à la mairie de Mézières-en-Brenne. Il y avait là, qui ne le rassuraient guère, Daraud, Vidal et deux de ces gendarmes dont il prétendra avoir une telle peur ; Lardeau et Plisson, en l'occurrence.

Tous pensaient que l'imbécile était à point. Le 1er, on l'avait laissé réaffirmer, comme Grosjean, qu'il ne s'était rien passé de l'après-midi, le 29 décembre, mais Daraud prit soin, ce jour-là, de lui suggérer, on s'en souvient, qu'au moment de son départ pour Marnoux avec Grosjean, il aurait pu entrevoir Boistard. Le 2 janvier, on l'avait baladé en voiture, au bois Jacques des Bœufs, pour commencer, afin de lui enfoncer dans le crâne que l'altercation, inventée par Désiré Brunet, s'était bien produite entre les chasseurs et le garde, après quoi, on l'avait planté là dans les champs, au-dessous de la Blinière ; comme il n'en finissait plus d'aller, de venir, d'hésiter, on l'avait conduit là où l'on conviendrait que les coups de fusil sur l'alouette avaient été tirés. On l'emmena ensuite, une centaine de mètres plus loin, à l'endroit que les enquêteurs s'étaient décidés à retenir comme le lieu du crime. On a vu des falsifications policières d'une autre habileté.

Le 3 janvier, dans l'ambiance crispante de cette mairie où l'on avait déjà beaucoup saigné, il ne restait plus à ces messieurs qu'à souffler l'histoire du crime à Niceron, l'idiot tout moite de se retrouver lui aussi en ces lieux dont on disait, bien qu'à voix basse, des horreurs.

Le procès-verbal fut dicté, peu à peu, phrase après phrase, à ce trembleur sans cervelle, mais faux jeton ; il se résume en quelques lignes. Au bois Jacques des Bœufs, Niceron, qui ne quittait pas Grosjean, aurait entendu une discussion sur les terres de « M. Lebaudy », discussion à laquelle les frères Mis, Gabriel Thiennot et le « boucher de Saint-Genou » étaient mêlés. Les chasseurs se rassemblèrent ensuite au bord de la route pour remonter dans la camionnette et Stanislas Mis leur dit que le garde Boistard « les avait fait courir ». Niceron, qui s'emmêlait dans les heures, précisa « il était à peu près 16 heures ».

Et voici la scène du crime. Niceron était seul avec Grosjean d'un côté de la vigne, les chasseurs de l'autre, à deux cents mètres environ. Pour faire vrai, on lui fit dire « loin comme la mairie de Mézières-en-Brenne où nous sommes jusqu'à l'extrémité du pont sur la Claise à la sortie du bourg sur la route du Blanc ». Quatre coups de fusil, « pas moins », étaient tirés à ce moment. Grosjean et Niceron se retournèrent pour voir, à deux cents mètres toujours, une personne courir « quelques mètres dans la position baissée et qui s'est affalée à terre ». Niceron entendit des « Ho !

Ho ! ». Un détail : les enquêteurs se rappellent que le cadavre à l'étang des Saules avait le bras gauche raidi, ils poussent un peu le crétin et cela donne : « J'ai remarqué que la personne avant de tomber levait le bras gauche, je crois, en l'air, et venait sur le groupe de chasseurs. » Grosjean avait dit alors à son domestique : « Partons, il y a quelque chose d'arrivé. »

Ce premier procès-verbal, au début duquel figurait la mention « sait lire et écrire », était l'œuvre des gendarmes. Ils avaient transcrit l'interrogatoire mené par Daraud avec le concours de tous. Vidal jugea ce faux témoignage trop elliptique et il recommença, en tête à tête avec Niceron. Il avait « oublié de dire », Vidal sut l'en convaincre, qu'en partant de la Blinerie, Raymond Mis déclara : « Si l'on voit le garde, on le descend. » Et tous d'approuver. Il « avait oublié de dire », Niceron, la dispute entre les frères Mis et Thiennot au moment où Boistard arrivait « à leur hauteur »... Aussitôt après, Raymond Mis avait tiré sur le garde « par deux fois ». Thiennot se précipita, tira deux autres coups de fusil, à bout portant. « Il s'était rapproché pour faire cela. » Niceron « avait oublié de dire » que le garde, après les coups de fusil de Raymond Mis, « était parti en titubant, en levant son bras gauche et penché du côté droit. Il allait toujours vers les chasseurs. Après la mort du garde, les frères Mis, Thiennot et un « grand de Palluau » avaient pris le corps pour le déposer dans les joncs au bord de l'étang des Hautes Rondières. Peu après, les chasseurs tirèrent une salve « soi-disant sur l'alouette ». Il était environ 16 h 30 environ. Et le groupe continua à chasser, Thiennot tua un lapin, le donna aux chasseurs de Saint-Genou, Grosjean et Niceron « qui s'étaient écartés des autres » partirent pour Marnoux, etc. Le lendemain, 30 décembre, de bonne heure, Raymond Mis était venu dire à Niceron : « Si tu dis quelque chose, je te casse la gueule. » Et voilà pourquoi il n'avait pas dit la vérité.

Niceron, tout en répétant après Vidal ce qu'il avait à déclarer, lorgnait sans arrêt un personnage qui s'était tenu jusqu'ici à l'arrière-plan, mais paraissait, aux mines serviles que lui faisaient les autres, tout diriger de loin. Niceron l'avait déjà vu cet homme au chapeau de feutre avec sa bouche en biais, son menton lourd et cet air qu'il prenait de pouvoir disposer de vous selon son humeur. Béthune, le régisseur, puisque c'était lui, s'empara de Niceron sans même lui adresser la parole. Il fit un signe et Vidal confia son faux témoin aux gendarmes qui l'emmenèrent au *Bœuf Couronné,* le grand hôtel de Mézières-en-Brenne. On lui donna une chambre, à boire et à manger, mais il était consigné là, aussi longtemps que l'homme au chapeau de feutre le voudrait.

Grosjean s'effondra, dès que Daraud lui eut appris la traîtrise de son domestique. Il n'avait pas dix-sept ans, Christian Grosjean, et en tournoyant sous les gifles du commissaire, il remarqua des taches de sang aux murs. Cela suffit.

Sa déposition calquait celle de Niceron, mais le lendemain, le 4 janvier, en fin d'après-midi, il dut la confirmer, ajouter que le garde se trouvait à trente mètres de ses assassins quand Raymond Mis tira les deux premiers coups de feu et qu'il était « 16 h 30 ou 16 h 45 environ ». Lardeau amena Christian Grosjean à reconnaître « l'endroit exact » du crime, à la queue de l'étang des Hautes Rondières. De retour à la brigade, il lui fit signer son procès-verbal, lui conseilla de rentrer chez sa mère, à la Blinerie ; et qu'il ne s'éloigne pas surtout ! Lardeau insista :

— Tu es considéré comme un témoin à charge, comprends-tu...

Grosjean s'en fut, regrettant déjà, tandis qu'au *Bœuf Couronné,* Niceron se prélassait.

Les huit innocents, eux, ce 4 janvier, n'étaient plus présentables, après quatre jours et trois nuits de carnage, six même pour Gabriel Thiennot. Les gendarmes les dissimulaient sous une couverture quand ils les transféraient. Et jusqu'au 8 janvier, il y en aura du trafic, entre le bois Jacques des Bœufs, la vigne de Grosjean, l'étang des Hautes Rondières. On imposa par ailleurs à ces huit loques plusieurs voyages à la gendarmerie de Le Blanc. Ils eurent affaire au lieutenant Nicaud ; aucun d'entre eux ne se rappellera pourquoi. Dans l'état crépusculaire où ils sombraient tous, le commandant de section leur parut bien vague.

Roger Morêve participa à ces expéditions. Il habitait en face de la mairie et se proposait dès que les enquêteurs avaient besoin d'un véhicule supplémentaire. Les gens de Mézières virent ainsi leur maire et pas qu'une fois, au volant de sa voiture, servir de chauffeur à des gendarmes qui encadraient une forme encapuchonnée, sur la banquette arrière.

Si le premier magistrat de la commune prenait parti avec une telle arrogance, pourquoi ses administrés auraient-ils réagi ? La plupart était, qu'on se le dise, de son avis, à en juger par l'hostilité sourde envers Mis et Thiennot que l'on sent encore, de çà, de là, dans la Brenne où les nostalgiques du Blizon d'antan ne manquent pas. Comme si la poignée de millions que Jean Lebaudy jeta dans l'affaire, le 4 janvier, avait décidé, cela allait de soi, du sort des huit accusés et ensorcelé, en même temps, Mézières et son canton pour deux générations au moins.

Jean Lebaudy versa cent mille francs de l'époque, cinquante mille aux œuvres de la police, autant à celles de la gendarmerie ; en tout une vingtaine de millions anciens. Il pouvait se permettre ce denier du bourreau et il en espérait un effet de secousse : les aveux ou la mort, voilà ce que les largesses du grand sucrier signifiaient, aux sbires de le comprendre.

Émile Thibault, du cagibi où il croupissait, avait sous les yeux Stanislas Mis ou un autre de ses compagnons attaché au pilier du préau et un Plisson, un Duris qui le tarabustait en passant. Émile suivait aussi les entrées et les sorties de Béthune et de Lebaudy. Ils ne venaient jamais les mains vides, apportaient un sac, des bouteilles, mais ils se faisaient de plus en plus cinglants. Un jour était-ce le 4, le 5, le 6 ? Lebaudy s'arrêta, en partant, devant le cagibi d'Émile et il gronda à l'adresse de Daraud qui, l'air contrit, l'avait rattrapé :

— Innocents ou pas, il faut que ce soit eux. Un point c'est tout.

La prime Lebaudy du 4 janvier déchaîna, comme prévu, les enquêteurs ; ils se donnèrent en spectacle plus que jamais. La représentation devint permanente, place de la foire aux porcs ; les passants voyaient, par la grille grande ouverte, le long Stanislas Mis au pilier du préau, les gendarmes et les policiers s'exciter, tels des garnements, avec leurs Hop ! Hop ! quand ils lançaient en l'air les prisonniers, la noria des voitures aux portières claquantes sur ces cagoulards qu'on poussait dedans, Duris hilare ou ses collègues aussi flambards que lui, l'alcool aidant, et qui tiraient comme par la longe des choses chancelantes sous leurs couvertures. Tout cela, Mézières-en-Brenne l'approuva. Quant aux cris, jamais ils ne cessaient et à cause du froid se répercutaient, de proche en proche, jusque dans les maisons. Certains qui avaient vingt ans en 1947 avoueront en 1980 et à condition qu'on ne donne pas leur nom :

— Pendant une semaine, ils hurlèrent à fendre l'âme. Même qu'on a dû calfeutrer les fenêtres pour ne plus entendre.

— Toute la journée, on les entendait hurler, les petits gars, dira Mme Trochet, mais elle aussi, en 1980.

Et pourquoi s'être tue si longtemps ?

— On ne nous a rien demandé. Personne n'a jamais vraiment voulu savoir.

À l'hôtel de ville, c'était pendant le jour, maintenant, tout comme la nuit, qu'on suppliciait. Juliette Dessart racontera :

— Je passais à la mairie pour changer mes cartes de ravitaillement. En sortant j'ai vu deux dames que je ne connaissais pas. Je leur ai dit : « C'est une honte d'entendre une affaire comme ça. » Elles m'ont répondu : « Si vous voulez rester en vie, fermez donc votre gueule ! »

Le 6 janvier, Gabriel Thiennot se soumit ; c'était le jour de son anniversaire, il avait vingt ans. Il dit ou laissa dire tout ce que l'on voulut. Il larmoyait, recroquevillé sur lui-même pendant qu'un inspecteur prenait à la machine une dactylographie serrée de cinq pages, les aveux que Vidal lui dictait tout en interpellant Gabriel, de temps à autre. « Le révérend » prit de la peine ; il n'était pas si facile de synthétiser les mensonges successifs de Paul Naudet, de Désiré Brunet, d'André Thiennot, d'Albert Niceron et d'en tirer une histoire banale de braconniers. Vidal faisait arriver le garde Boistard à l'étang des Hautes Rondières par la chaussée. « Les chasseurs l'attendaient sur place », Raymond Mis, à la gauche de Gabriel Thiennot, un peu en avant de lui, par conséquent dans les joncs, tout à fait au bord de l'étang. « Celui que vous me dites s'appeler Chauvet et qui est d'assez grande taille se trouvait environ à vingt mètres derrière moi, Stanislas à ma gauche, etc. »

Le garde Boistard avançait son fusil à la main et Raymond disait à Gabriel :

— C'est un salaud, descendons-le.

Gabriel protestait :

— Il m'a bien des fois trouvé à la chasse, ce n'est pas pour cela qu'il faut le descendre.

— Si, si, si ! Je tirerai le premier et tu tireras après.

Raymond tirait un premier coup de fusil, le garde pirouettait au deuxième coup, marchait quelques mètres encore en criant Ho ! Ho ! etc. Mais Vidal s'embrouillait par souci d'inventer le moindre détail. Avant ces derniers pas, le garde avait fait demi-tour, il avançait donc sur ses assassins en marche arrière. Après la chute de Boistard, Raymond disait à Gabriel :

— Tire ! Tire ! sans ça moi je tirerai, tu verras.

Gabriel passait à côté du garde et lui envoyait deux coups de feu dans le côté droit, « sans viser ». Stanislas, Raymond, Chauvet et Gabriel changeaient alors le corps de place, puis réfléchissant, ils le portaient, plus loin, dans des joncs. « Les autres chasseurs nous regardaient faire. » Niceron et Grosjean s'étaient déjà éloignés, Gabriel tuait un lapin en revenant à la Blinerie où tous goûtèrent.

Vidal, sur sa lancée, prit à témoin Gabriel larmoyant sur une chaise, les bras raidis, les poings serrés contre sa poitrine :

— Pendant qu'ils mangeaient, toi, Stanislas, Raymond, Chauvet, vous avez couru au cadavre. En laissant vos fusils à la maison. Il fallait le transporter à l'étang des Saules, c'était décidé. Alors toi, par le pied gauche, Chauvet par le pied droit, Stanislas par la main gauche et Raymond par le bras droit. — Vidal marqua un temps — Il portait aussi le fusil et la casquette, Raymond, la carnassière était restée autour du cadavre... Vous vous êtes reposés, combien de fois, trois, quatre ? C'est bien ça n'est-ce pas ? Et vous avez couru par moments. À l'étang des Saules, c'est Chauvet et Raymond Mis qui ont fouillé Boistard. Chauvet avait dit à Raymond : « Des fois qu'il aurait pris ton nom. » Toi, tu urinais... Stanislas a repéré un endroit dans l'étang et vous avez jeté le cadavre depuis la berge.

Daraud survint en compagnie du commissaire divisionnaire Tardieu, arrivé de Limoges et avec lequel il avait déjeuné au *Bœuf Couronné.* Vidal leur dit :

— C'est fait. Il m'a tout avoué.

Gabriel ne réagissait plus. Il réintégra son cagibi. Au moment où il sortait de la mairie, aveuglé par la couverture, quelqu'un avait lancé : « Il nous sera encore utile demain, celui-là... »

Daraud était d'humeur combative après les aveux de Thiennot et son repas au *Bœuf Couronné.* Il décida de s'attaquer à Bernard Chauvet. Lardeau acquiesça :

— Oui, oui, il devrait parler aujourd'hui. On l'a assez préparé.

Le chef de la brigade de Mézières était natif de Sainte-Sévère, au-dessous de La Châtre, dans le sud-est de l'Indre. Les frères Chauvet, Roger, père de Roland, l'enfant de troupe, et Georges, père de Bernard, étaient ses « pays » et ses camarades d'école. Lardeau avait invité Bernard à sa table, le 1er janvier, quand les inspecteurs le ramenèrent de Palluau. Depuis, il s'était passé cinq nuits et quatre jours. Bernard avait subi comme les autres toutes les épreuves, prière des juifs, tringle triangulaire et le reste. La nuit du 5 au 6, il quittait ses haillons, dans la chambre haute et il était trop défaillant pour se demander quelle chiennerie on lui réservait. Une voix avinée tonitrua :

— Garde ton froc !

On l'empoigna à la ceinture et on le passa par la fenêtre. Il était assez haut, le premier étage de la mairie de Mézières et Bernard balancé dans le vide, suffoqué par cette nuit de glace, perdit conscience. Lardeau pouvait se rengorger : le fils de son cher et vieux camarade Georges était prêt.

Bernard Chauvet consentit à signer le procès-verbal d'aveux dont il aurait préféré ignorer le contenu. Mais Daraud insistait pour lui lire chaque phrase et l'obligeait à la répéter. Il avait honte, Bernard Chauvet, et puis c'était si bête, si peu crédible, ces courses dans tous les sens, ces conspirations en plein vent. Ils auraient transporté le cadavre de place en place, jusqu'à l'étang des Saules où ils le déposaient « à quelques mètres dans l'eau ». Le commissaire, son regard embué, improvisait de telles sottises que Bernard Chauvet souffrait rien que d'avoir à les redire. Exemple : avant qu'on déplace le corps, une première fois, pour le dissimuler dans les joncs de l'étang des Hautes Rondières, les chasseurs s'étaient réunis à une centaine de mètres du mort et avaient décidé de tirer les coups de fusil sur l'alouette « pour égarer les soupçons ». Daraud, l'œil fixe de plus en plus et la pupille dilatée, poursuivit alors :

— Et vous êtes convenus de dire que les coups de fusil sur l'alouette avaient été tirés à un autre endroit, à cent cinquante mètres de la ferme des Mis, répète !... Bon. Endroit que vous avez déterminé au retour en étudiant l'itinéraire, répète !... Parfait, mais écoute bien la suite... L'itinéraire qui pourrait nous servir à nous composer un alibi, compris ? Répète !

Dans la nuit du 6 au 7 janvier, ils utilisèrent Gabriel, comme ils se l'étaient promis, la veille. Raymond Mis fut conduit à la chambre haute. Il était passé, sans flancher, par tous les sévices qu'on y exerçait. Dans la pièce, Vidal siégeait à son bureau, par terre une bonbonne de vin blanc, un seau d'eau. Une odeur fade imprégnait l'atmosphère, écœurait ; l'odeur de la viande, du sang coagulé, comme dans une boucherie.

On fit entrer Gabriel, ses jambes flageolaient, il grignait, des larmes lui vinrent quand il dit :

— J'ai avoué !

Raymond lui jeta, très dur :

— On n'a pas fait ça !

Et Gabriel sanglotant :

— Ça fait rien, je l'ai dit, alors dis-le !...

— Non ! Non ! on ne l'a pas fait !

Raymond se retrouva nu sur la tringle triangulaire qui lui brûla ses genoux purulents à la façon d'un tisonnier chauffé à blanc ; il crut entendre sa peau se déchirer quand on lui tordit les chairs entre les côtes ; et il s'évanouit. Il revint à lui sous l'eau froide, le plein contenu du seau. Et ça picolait tout autour ; la bonbonne, ils l'auraient bue au goulot et cul sec, s'ils l'avaient pu.

— Allez, on remet ça. Joins les mains ! écarte les doigts ! Vas-y ! Dis-la bien ta prière ! Encore ! Encore !...

Raymond ne sut jamais dans quelle resserre on le claustrait à la gendarmerie et jamais son œil ne perça l'obscurité très spéciale qui l'enveloppait ; elle était opaque, fétide ; il en perdait la notion du temps malgré ses besoins qui l'obligèrent plusieurs fois à se diriger à tâtons, crevant de honte, vers ce qu'il prenait pour une potiche et sur laquelle il se posait. Dans ces conditions, résister n'avait plus grand sens, mais il fallait tenir, c'était à cela qu'il se raccrochait : tenir ! puisqu'il était innocent.

Quand on le balança comme un paquet dans son trou à rat, la nuit du 7, après la chambre haute, il donna du crâne contre les cailloux du sol, le sang coulait d'une de ses oreilles et il retomba dans l'hébétude, la seule défense de quelque efficacité contre la douleur, le froid, les autres.

André Chichery, lui, n'avait plus à se prémunir contre quoi que ce soit ; chaque mouvement, respirer surtout, lui portait au cœur, il ne pouvait plus marcher seul et ne reconnaissait personne. Un des quelconques sicaires de Lebaudy, Vidal, Daraud ou Lardeau, lui tint la main, qu'il puisse au moins tracer son nom au bas de la cinquième et dernière page des aveux. Dans ce texte, il était écrit que l'accusé venait de guider les enquêteurs au bois Jacques des Bœufs, dans la vigne derrière la Blinerie, à la queue de l'étang des Hautes Rondières « spontanément et de lui-même, sans aucune indication ».

Les aveux de Jean Blanchet et de Gervais Thibault étaient dactylographiés d'avance comme ceux de Chichery. Ils signèrent sans lire, à la va-vite « puisqu'il fallait que ce soit nous » se disait Jean Blanchet, comme s'il exécutait l'ordre que Jean Lebaudy avait intimé à Daraud devant le cagibi d'Émile Thibault : « Il faut que ce soit eux. »

Stanislas Mis venait ensuite. Ses stations des journées entières, au pilier du préau, l'avaient au moins insensibilisé à la bassesse. Stanislas, le menton barbouillé de sang, trois dents de crachées, n'écoutait pas ses aveux prétendus, qu'on lui lisait à voix haute, mais il en percevait des bribes. « Je portais le furet dans les terriers de la propriété Lebaudy... » « C'est, ça, c'est ça... » maugréait Stanislas, de même qu'Émile Thibault, selon le procès-verbal, avait dit au garde Boistard : « Je t'emmerde ! » et plus loin : « C'est Raymond qui a pris le carnet et les autres papiers dans les poches du garde. Avec mon frère je suis entré dans l'eau pour tirer par les bras le corps du garde jusqu'à l'endroit où il a été trouvé. » Stanislas grommelait : « Mais oui... mais oui... ! » Il signa, la porte s'ouvrit, Raymond entra, fit quelques pas moins assurés qu'il se le figurait. Stanislas à la vue de ce clochard couvert de plaies à vif, son oreille gauche obstruée par un gros caillot noir, Stanislas comprit que son frère cadet s'apprêtait pour le pire et il essaya de trouver les mots qui le sauveraient :

— Dis ce qu'ils veulent !

Et Raymond buté :

— Non, je suis innocent.

Alors Stanislas plus fort :

— Puisqu'on nous y force, tu n'as qu'à dire ce qu'ils nous font dire. Nous suivrons le chemin du Christ, nous ferons notre chemin de croix et la Sainte Vierge nous protégera.

— Mais je suis innocent !

Stanislas se radoucit :

— Bien sûr, je le sais que tu es innocent.

Raymond, alors, soupira, resta la tête basse, fit oui, oui. L'une des brutes, Parot, l'inspecteur Maurice Parot se précipita sur la machine à écrire, dactylographia. « Le 7 janvier, à 20 h 15... » Et Raymond Mis eut à souffrir pendant quatre feuillets bien tassés des insanités, comme celle-là : « À la demande de tous, je leur ai fait voir le carnet que j'avais pris sur le garde Boistard et avec les papiers, je l'ai mis au feu aussitôt dans la cuisinière de la cuisine ; pour cela je les ai quittés alors qu'ils étaient dans la salle à manger. »

Raymond dut approuver, pour finir, ce que l'autre tapait : « Pour égarer les soupçons, j'ai volontairement enlevé un des percuteurs de mon fusil ou plutôt une pointe servant de percuteur, celle du coup droit... j'ai accompli ce travail, le soir même du drame. » C'était la troisième contrevérité fondamentale de l'affaire.

La première provenait de Désiré Brunet entendant l'altercation au bois Jacques des Bœufs, entre Boistard et les chasseurs, à 15 h 30, alors qu'à la même heure, André Bourbonnais, lui, voyait le garde à deux kilomètres de là.

Deuxième contrevérité : la montre du garde qui s'était arrêtée d'elle-même, à 5 h 5 du matin, le 30 décembre et non pas à 17 h 5, le 29.

Le fusil de Raymond Mis, enfin, n'avait plus de percuteur à droite depuis longtemps. Huit jours avant la chasse du 29 décembre, Raymond l'avait récupéré chez M. Cosson, armurier à Mézières-en-Brenne, qui avait estimé inutile de réparer un fusil aussi usagé. Et Raymond continua à s'en servir enfonçant une pointe à la place du percuteur droit. Comment aurait-il pu tirer deux coups de fusil sur Boistard avec une arme qui ne faisait feu qu'une fois ?

Mais le soir du 7 janvier 1947, Raymond avait accédé à la supplique de son frère Stanislas et il signa après les six autres ces aveux faux d'un bout à l'autre. Il me dira, en juillet 1994 :

— Si j'avais su que la justice n'était pas au bout, je serais allé jusqu'à la mort.

Telle est la vérité de Raymond Mis ; il la porte depuis près de cinquante ans.

Émile Thibault ne dit pas autre chose.

— Il aurait fallu y rester !

Et il s'en est toujours voulu :

— Sans ma signature, tout s'écroulait.

Le 7 janvier 1947, tard dans la soirée, les enquêteurs fêtèrent les aveux de Raymond Mis, mais tout en arrosant ça, ils se souvinrent du « teigneux ». C'était le surnom qu'ils avaient donné à Émile parce que le mépris féroce qu'il leur portait à tous suffisait, semblait-il, à le maintenir en vie. Ils s'étaient conduits envers lui comme des gouapes ; la savate, les manchettes, les coups de boule, de genou, et Moulin qui passait derrière avec ses trois baguettes pour la prière des juifs. Ils l'avaient amoché autant que Chichery. Émile gisait dans son cagibi, il s'étouffait, les poumons sifflants. Ils les entendit descendre quatre à quatre de la gendarmerie. Ils se jetèrent sur lui, le mirent sur ses pieds, sans ménagement :

— Gueule pas comme ça, on le sait que t'as mal !

Ils le hissèrent à l'étage, ses bras, ses jambes tressautaient, sa tête tombait sur la poitrine. Ils l'envoyèrent, d'un dernier coup dans les reins, contre le bureau de Lardeau, en plein milieu de la beuverie. Tous ces soiffards violacés soufflaient, pouffaient, sinistres comme des carnavals. Et ils l'épiaient.

Émile eut tout à coup, face à lui, Gabriel Thiennot, déguenillé, souffreteux, et qui l'implorait, sanglotant :

— Tu sais bien que c'est nous, Émile, dis-le que c'est nous, dis-le !

Émile eut encore la force de leur jeter :

— Fous ! vous êtes fous ! Tous !

Quelques coups l'assommèrent.

L'air glacial le ranima, il faisait jour. Il interpréta les bruits de pas et de portes comme des préparatifs de départ. Dans la cour, quelqu'un dit :

— Et s'il nous claque dans les pattes, Thibault, qu'est-ce qu'on en fait ?

Émile eut peur soudain. Un froid l'envahit qui ne devait rien au – 15° ambiants ; ce froid que l'on pense être celui de la mort.

« Ils vont me tuer » se dit-il.

Non. Ils prirent leur temps, l'emmenèrent sous une couverture et à son pas, trotte-menu, trébuchant, jusqu'à la mairie. Ils le montèrent à la chambre haute. Émile n'y était jamais venu encore. Il y avait des traces de sang partout, de l'eau, du vin sur le plancher. Gaston Moulin sortit les trois baguettes de sa poche.

— Allez, joins bien les mains ! là comme ça et chante !... Mais si, tu la connais, la prière... là, tu vois bien que tu la connais, allez, chante-la encore une fois, encore ! encore !...

Ce matin du 8 janvier 1947, Émile Thibault, dernier des huit, signa le procès-verbal que Daraud avait dactylographié devant lui, en lisant à voix haute. Émile ne retint qu'un mot « patibulaire », parce qu'il ne le connaissait pas. Un procès-verbal des gendarmes du même jour, cosigné par Lardeau, Plisson et Pinal, prétend que le juge Haulon serait arrivé de Châteauroux, à 14 heures, pour procéder à l'interrogatoire de première comparution de tous les accusés. Raymond Mis et Gabriel Thiennot signèrent en effet le procès-verbal déjà dactylographié que l'on tendit à chacun d'entre eux. Mais nul ne se souvient d'avoir vu Haulon ce jour-là, à Mézières.

En fin d'après-midi, au moment où on le traînait avec ses compagnons pour le départ, en direction de la prison de Châteauroux, Émile dit à Daraud, qui surveillait l'embarquement :

— La justice n'est pas faite pour les chiens !

Le commissaire se mit à rire.

Georges Daraud mourra en 1991, quarante-quatre ans après avoir accompli les basses œuvres de Lebaudy à Mézières-en-Brenne. Il termina sa carrière dans la magistrature, au rang de substitut au procureur de la République, à Orléans, après avoir été nommé, dans cette même ville, commissaire divisionnaire.

À la mairie de Mézières-en-Brenne, « la chambre basse » et la « chambre haute » retrouvèrent leur destination habituelle, aussitôt que le convoi des suppliciés se fut éloigné. Mais l'on avisa Roger Morêve des dégâts constatés dans les deux pièces, les murs, surtout, qui étaient tachés de sang, par grandes plaques. Morêve dit, très sec :

— Eh bien, lavez-les !

DEUXIÈME PARTIE

QUAND LA JUSTICE COUVRE

I

La prison de Châteauroux, en 1947, se trouvait dans le centre de la ville ; son portail donnait sur la rue Paul-Louis-Courier, une voie resserrée où le 8 janvier au soir, le convoi de Mézières-en-Brenne provoqua des encombrements. Daraud et Lardeau avaient espéré que les gardiens seraient compréhensifs. Ils s'affolèrent, au contraire, à la vue de ces huit éclopés sous leurs couvertures. L'un des surveillants-chefs, M. Villemont, décida :

— Qu'on les laisse dans la camionnette.

Il refusa de discuter avec Daraud, prévint M. Thoreux, le directeur et téléphona au docteur Gadaud, médecin attitré de l'administration pénitentiaire, président du conseil départemental de son ordre. Le docteur Gadaud se déplaça afin de donner les premiers soins aux plus atteints dont André Chichery et Émile Thibault, qui avaient des côtes cassées. Daraud quitta ses victimes sur une boutade :

— Dites toujours la même chose, les gars, et on vous aidera. Vous sortirez dans trois ou quatre ans.

Dans le registre de 1947 de la prison, au 8 janvier, la feuille d'écrou a été arrachée. Mlle Beigneux, infirmière de la prison, en ce temps-là, me l'a confirmé en juillet 1994 :

— Tout était consigné dessus, toutes les plaies. Le témoignage d'une bonne femme de quatre-vingt-deux ans ne comptera peut-être pas, mais il est exact que cette feuille a disparu.

Yvonne Beigneux avait trente-cinq ans, elle était infirmière à la maison d'arrêt de Châteauroux depuis 1945. Le 9 janvier, elle arriva comme tous les jours vers 9 heures, avant la consultation du docteur Gadaud. Elle entra dans le bureau du surveillant-chef, Maurice Rougeron.

— Ma petite fille, lui dit-il, vous allez avoir du travail, ce matin, les chasseurs de Mézières-en-Brenne ont été incarcérés hier soir.

Yvonne Beigneux, qui lisait les journaux, demanda :

— Les assassins ?

Et Rougeron imperturbable :

— Allez les voir, nous en parlerons après.

L'infirmière suivit un gardien par des couloirs inconnus d'elle ; ils menaient aux cellules d'isolement. Le gardien s'arma d'une clé qui paraissait gigantesque pour ouvrir la serrure d'un des cachots. Il y régnait un froid polaire et

Yvonne Beigneux se trouva en face d'un grand jeune homme blond. Il la regardait, les yeux secs de qui sait déjà de quelle tristesse sera toute la vie. Il portait un pardessus aux boutons arrachés sur des vêtements en haillons. Le garde dit : « C'est Raymond Mis. » Et elle : « Le présumé. » Raymond protesta, sans élever la voix :

— Non, madame, je n'ai pas tué le garde, je suis innocent.

Il avait dit cela avec assurance, Mlle Beigneux en fut frappée. Elle acquiesça :

— Oui, oui... Je reviendrai cet après-midi remettre vos vêtements en ordre.

Quelques cellules plus loin, le gardien dit avant d'ouvrir : « C'est Thiennot. » Elle le vit comme « un enfant très brun avec des grands yeux noirs qui exprimaient la souffrance ». Il vint vers elle, posa la tête sur son épaule :

— Je ne suis pas coupable, je n'ai pas tué.

Il pleurait et elle, elle s'efforçait de retenir ses larmes. Gabriel après Raymond, cela faisait beaucoup d'iniquité même pour une femme de trente-cinq ans qui avait voué sa vie aux misères des autres. Yvonne Beigneux verra ceux de Mézières chaque jour, au début. Ils montaient à la salle de soins, elle les pansait, leur parlait « de choses et d'autres ». Mais le 9 au matin, en revenant des cellules d'isolement, elle se demandait :

— Au prix de quelles souffrances ont-ils avoué ?

Ce même 9 janvier, la presse régionale annonçait : « C'est Raymond Mis et Gabriel Thiennot. » *La Nouvelle République, La Marseillaise* reprenaient à leur compte les élucubrations des enquêteurs et *Centre-Presse* surenchérissait : « Le 29 décembre la famille Mis de la Blinerie avait invité à déjeuner un certain nombre d'amis. Après un repas copieux, au cours duquel on but beaucoup, les convives étaient passablement surexcités. Quatorze d'entre eux décidèrent alors de faire une partie de chasse sur les terres de la Blinerie et pénétrèrent sur les réserves de M. Lebaudy ; c'est alors que, aux environs du bois Jacques des Bœufs, ils se trouvèrent en présence du garde Boistard qui leur fit des observations. Les frères Mis lui répondirent grossièrement en l'injuriant et ajoutèrent : " Nous partons, mais dans un moment, nous irons chasser autour de l'étang des Hautes Rondières."

« M. Boistard, décidé à accomplir son devoir jusqu'au bout, leur répondit : "Je vais vous y attendre." »

Il était dit ensuite, sous un gros intertitre : « Le meurtre était prémédité. » « Avant le départ, les criminels avaient annoncé leur intention de mettre à exécution les menaces qu'ils venaient de proférer contre le garde. On imagine mal ce départ de huit hommes vers un meurtre délibéré. »

Et l'on arrivait à la scène du crime : « Lorsque le garde fut à une vingtaine de mètres d'eux, Raymond Mis lui cria : "Si tu avances, je te descends !" Mais M. Boistard continua d'avancer et s'apprêtait à verbaliser... » Raymond tirait les deux premiers coups de fusil. « Aussitôt, Mis intima à Thiennot l'ordre de tirer : il savait que ce dernier, voici deux ans environ, avait menacé de mort le garde Boistard et sa femme et il profita de cette vieille rancune qui était loin d'être apaisée pour faire partager à son camarade la responsabilité du meurtre. »

Le cadavre de Boistard était jeté ensuite dans l'étang des Saules. « Aussitôt après cette macabre mise en scène, Thiennot et Mis ordonnèrent à tous les témoins, sous menaces de mort, de ne rien dévoiler de ce qu'ils avaient vu. Ils échafaudèrent avec sang-froid tout un système d'alibis. » « La consigne du silence » avait été observée « avec une incroyable ténacité ». Et c'était pourquoi l'enquête avait traîné. « Avec un entêtement forcené » les chasseurs avaient nié. Hommage était rendu à « l'habileté et l'opiniâtreté » des policiers. On soulignait enfin « l'action déterminante » de la brigade de Mézières qui « sous la direction de son chef l'adjudant Lardeau orienta dès le début les recherches sur la bonne voie ».

Ce genre de prose au hachoir ne pardonne pas ; elle impressionne, elle reste.

Le 9 janvier toujours, Jean Lebaudy rappliqua à la gendarmerie de Mézières-en-Brenne ; il estimait avoir encore à dire sur Boistard et la Résistance. Lardeau et Daraud l'entendirent tour à tour et dressèrent procès-verbal. Comme le maître du Blizon se manifestait, ce jour-là, pour la dernière fois avant de se retrancher derrière Henri Béthune, essayons d'imaginer la puissance Lebaudy. Nous disons imaginer parce qu'il semble difficile sinon impossible de reconstituer l'itinéraire d'une dynastie bourgeoise du XIXe siècle, comme celle des Lebaudy. Ils appartiennent à la catégorie des faiseurs d'argent et leur influence, jamais négligeable, a varié selon les époques. En 1946 et jusqu'à la fin des années 50, c'est-à-dire au moment où l'affaire Mis et Thiennot rebondissait de procès en campagnes de presse, les Lebaudy, dans la finance et la politique, pesaient encore leur poids. Voici comment Henri Coston les présentait, en 1975, dans son *Dictionnaire des dynasties bourgeoises et du monde des affaires* (Éditions Alain Moreau) :

« Lebaudy (famille). Il y avait, en 1848, écrit Auguste Chirac, une maison commerciale ayant une certaine importance dans l'industrie sucrière. Les événements révolutionnaires, qui déconcertèrent la spéculation aussi bien que le travail, la mirent à deux doigts de la ruine : c'était la maison Lebaudy père *(Les Rois de la République,* Paris, 1888, tome I).

« Au début de la Troisième République, l'industrie sucrière comptait deux Lebaudy : Gustave, qui était député, et Jules, propriétaire du théâtre Le Vaudeville et d'une quarantaine d'immeubles parisiens.

« Jean, Gustave Lebaudy (1827-1889) dirigeait la raffinerie qui portait son nom. En raison de sa haute situation dans le monde des affaires, l'administration impériale l'appela à faire partie de la commission municipale de Paris (1860-1869). Conseiller général de Seine-et-Oise, il se présenta comme républicain conservateur à Mantes en 1876 et fut élu au second tour ; il siégea à la Chambre des députés, au centre gauche. Il s'y montra hostile à l'amnistie des communards et vota l'invalidation de Blanqui, après avoir fait partie des trois cent soixante-trois qui s'opposèrent à Mac-Mahon. Réélu en 1877 et en 1881, il soutint la politique de Jules Ferry, notamment au Tonkin.

« La mort de Léon Gambetta en 1882, avec lequel il était lié, qu'il soutenait financièrement, dit-on, et qui le soutenait politiquement, fut néfaste à sa carrière. Il fut accusé, à l'époque, d'avoir utilisé la plume de l'économiste Paul Leroy-Beaulieu pour faire baisser les titres de Panama afin de lui permettre de supplanter Lesseps à la présidence du conseil d'administration de la compagnie. En 1886 les journaux annoncèrent le mariage de Paul Lebaudy avec Marie Hersent, fille de l'entrepreneur dont le contrat, très critiqué et commenté, avait été résilié par l'administration de la Compagnie de Panama. Une fille épousa, à la même époque, le comte Frisch de Fels. Gustave Lebaudy n'était déjà plus parlementaire, ayant été battu aux élections générales d'octobre 1885. Il mourut quatre ans plus tard, ayant réussi à se faire réélire en 1889.

« Son fils, Marie, Paul, Jules Lebaudy, né à Enghien-les-Bains, le 4 juillet 1858, mort à Rosny-sur-Seine le 17 octobre 1937, entra dans la vie politique en 1884 ; cette année-là, il devint conseiller général du canton de Bonnières, en Seine-et-Oise. Il fut élu en 1890 au siège laissé par son père : il l'emporta contre Bunau-Varilla, qu'une solide rancune dressait contre lui à propos du Panama. Il fut réélu constamment jusqu'en 1910. Il avait succédé à son père dans la direction des importantes raffineries sucrières Lebaudy, siégea au CA de la raffinerie Lebaudy-Sommier et présida la Compagnie pastorale africaine.

« Grand aéronaute, il fut l'un des premiers à donner une solution pratique aux problèmes de la navigation aérienne : il fit construire un aérostat, *Le Jaune,* qui subit avec succès des essais en 1902 et 1903 sur le trajet Moisson-Mantes-Paris ; puis, avec son frère Pierre, il réussit la construction d'un ballon dirigeable, *Le Lebaudy,* affecté à des expériences d'ordre militaire.

« Pierre Lebaudy épousa Marguerite de Luzarche d'Azay, qui était, avant la guerre, membre du conseil d'administration du *Journal des Débats,* le quotidien vespéral conservateur et libéral.

« Veuf de la fille de l'entrepreneur Hersent (voir plus haut), Paul Lebaudy épousa Clotilde Murat, fille du comte Murat et de la comtesse née Barot.

« Jean Lebaudy était leur fils. Né à Rosny-sur-Seine, en Seine-et-Oise, le 8 septembre 1896, il fut l'un des "patrons" de la société Lebaudy frères et le président de la raffinerie Lebaudy-Sommier. Il soutint financièrement le quotidien *L'Époque* et figura parmi ses administrateurs après la Libération.

« De son mariage avec Henriette de Ganay, d'une famille de vieille noblesse bourguignonne alliée aux Schneider, il eut cinq enfants : Jeanne, mariée avec Freddy Gazelle ; Clotilde, ex-comtesse Gérard de la Villesbrunne ; Jacques ; Paul ; et Madeleine.

« C'est Jacques Lebaudy qui préside la raffinerie Lebaudy-Sommier. Il est, en même temps, administrateur de la Compagnie pastorale africaine. Il a épousé en premières noces Chantal de Lavoreille, dont il a eu trois enfants : Marie-Christine, Caroline et Jean ; il s'est remarié avec Marie-Thérèse de Bragelongne, fille du marquis, divorcée du comte Bernard de Jouffroy-Gonsans. Son frère, Paul

Lebaudy, est marié avec Édith du Courthial de Lassuchette ; il est le père de deux garçons : Hubert et Marc.

« En 1929, les raffineries Lebaudy se sont rapprochées de la firme sucrière Sommier pour constituer la SA raffinerie Lebaudy-Sommier au conseil de laquelle siègent les représentants des intérêts Lebaudy et Sommier, notamment les frères Jacques et Paul Lebaudy et leur beau-frère F. Gazelle. »

Depuis la parution de ce dictionnaire et d'après le peu que nous savons, la SA Lebaudy-Sommier s'est intégrée à la Générale Sucrière. Henri Coston n'a pas tenu compte, par ailleurs, des autres branches de la famille Lebaudy. Parmi les originaux, comme il en naît dans n'importe quelle famille, Max se distingua en dilapidant sa part d'héritage et en mourant à vingt-sept ans, épuisé par ce que l'on appelait, dans ces années 1880, « les plaisirs ». La presse le surnomma « le petit sucrier ». Un livre, introuvable, traite d'un autre Lebaudy, Jacques Lebaudy, sobriquet « le petit jockey ». En 1903, il avait débarqué en Afrique, au cap Juby, avec une bande d'aventuriers. Il se proclama empereur du Sahara, sous le nom de Jacques Ier. À cause de cette lubie, la France eut à régler un incident diplomatique avec l'Angleterre et le sultan du Maroc. Jacques Ier périt des mains de sa propre épouse : il projetait de se marier avec leur fille pour préserver la pureté de la race.

Et ceux qui s'installèrent dans la Brenne en 1865, selon Christian Grosjean ? Un Jules Lebaudy fut conseiller général du canton de Mézières, à la fin du XIXe siècle. Vers la même époque, Mme Jules Lebaudy semble avoir été une des personnalités et un soutien financier de la droite catholique, le « parti prêtre », papiste, « ultramontain ». Des fondations portant son nom ou celui de Lebaudy figurent toujours dans l'annuaire de Paris.

Au début des années 30, Gabriel Thiennot, enfant, regardait passer Robert Lebaudy, le maître du Blizon d'alors ; il le voyait, avec ses yeux de gamin, comme un vieillard à barbe blanche, conduisant lui-même son cabriolet à deux chevaux pour promener sur ses terres, une fois par an, de jolies personnes. Le frère de Robert Lebaudy fut tué en Afrique et la rumeur accusa, un temps, Jean Lebaudy d'avoir été l'instigateur du crime, mais Robert lui légua néanmoins le Blizon.

À propos de l'Afrique, Fernand Poitevin, maire de St-Michel-en-Brenne pendant près de cinquante ans, se souvient, admiratif, de « M. Lebaudy », qui lui confia un jour : « Le Cameroun m'a coûté les trois quarts de ma fortune. » Une expédition au pays des Dogons lui rapporta gros, en revanche. Jean Lebaudy, très introduit dans le milieu des ethnologues par sa belle-sœur, Solange de Ganay, finança la mission Griolle et se paya au prix fort en revendant le butin des explorateurs : masques, statuettes, etc.

En avril 1939, Ernest Gaubert, propriétaire et directeur d'un journal de Châteauroux, *Le Département,* consacra une page entière à « l'inégalité de traitement dont sont victimes les paysans en matière d'allocations familiales ». Gaubert présentait « une famille de treize enfants qui touche en tout et pour tout cinquante francs par mois, à titre d'encouragement aux familles nombreuses ». Et il avait choisi comme exemple de cette injustice les Thiennot entre tous les foyers brennous qui enduraient la même misère. En outre, le domaine de Montmellier dont il sera question faisait partie de la régie du Blizon.

Ernest Gaubert, populiste d'extrême droite, doriotiste au moment de la guerre, fera du *Département,* l'organe de la collaboration. Il mourra en août 1944 après que ses deux fils, Jean et François, miliciens, eurent été exécutés. Voici l'essentiel de son article d'avril 1939 :

« Dans l'industrie, dans le commerce, les allocations familiales viennent apporter un appoint intéressant au budget des chefs de familles nombreuses. Mais pour les familles agricoles, pour ces familles parfois si nombreuses et si intéressantes, que fait-on ? Rien ou presque ! On leur a fait miroiter des allocations familiales mais à un taux réduit et on remet de date en date la mise en application de cet encouragement en même temps que l'on impose aux bénéficiaires éventuels des conditions auxquelles ne sont pas soumis les allocataires urbains.

« Pourquoi cette différence ? Le paysan est-il un Français de deuxième zone ?

« L'autre jour, en allant visiter une de ces belles familles nombreuses qui constituent l'armature de la paysannerie française, il nous a été donné de constater un cas typique de cette inégalité de traitement entre ouvriers ou employés des villes et ouvriers agricoles ou métayers.

« Non seulement on se propose de n'accorder à ces derniers qu'une allocation familiale à tarif réduit, mais il semble que dans la loi tout soit prévu pour fermer le plus possible la porte à l'attribution de cette allocation. Voici les faits :

« En pleine Brenne, au domaine de Montmellier, commune de Saint-Michel-en-Brenne, sont employés comme métayers les époux Thiennot-Fraichaud qui ont actuellement treize enfants vivants. Le père, Thiennot Joseph, est né le 31 janvier 1884 à Rosnay ; sa femme, née Berthe Fraichaud, est également originaire de Rosnay où elle naquit le 9 août 1894. Ils se marièrent le 3 octobre 1908, Mme Thiennot avait donc alors quatorze ans. Depuis, les naissances se sont succédé et, aujourd'hui, Mme Thiennot est à peu près impotente à la suite de la terrible opération qu'elle dut subir en 1936 lors de la naissance de ses deux dernières filles, des jumelles.

« Certes, il en est parmi ces enfants qui sont mariés ou placés, mais il en est encore une bonne demi-douzaine qui sont à la charge des parents.

« Et comme encouragement aux familles nombreuses, la famille Thiennot touche exactement cinquante francs par mois de la commune. Un point, c'est tout.

« Ils bénéficient heureusement des assurances sociales et grâce à l'insistance du docteur Chazelat, de Mézières qui, avec le docteur Asselin de Châteauroux, sont de vrais amis pour cette famille, Mme Thiennot a été admise à l'assistance médicale.

« Lorsqu'il fut question d'accorder aux métayers le bénéfice des allocations familiales, M. et Mme Thiennot eurent une lueur d'espoir ; ils se renseignèrent. On leur répondit qu'ils y auraient droit et déjà ils voyaient cet appoint, si petit soit-il, venir les aider dans leur véritable misère. Mais hélas, une cruelle déception vint, l'autre matin, faire s'évanouir ce beau rêve quand le garde champêtre les avisa qu'après examen de leur cas les services compétents avaient décidé qu'ils n'avaient pas droit aux allocations sous prétexte que le revenu cadastral du domaine de Montmellier était supérieur au taux limite au-dessus duquel les métayers sont exclus du bénéfice des allocations familiales.

« Quel est-il donc ce revenu cadastral et qui donc le détermine ?

« À combien donc peut-il s'élever pour ce mauvais coin de terre de Brenne où, trois ans sur quatre, lorsqu'on sème cent doubles de blé on en récolte cent trente ?

« Et qui donc le détermine ? Le propriétaire sans doute. Et ce propriétaire ou, sinon lui, un régisseur trop zélé, n'a-t-il pas intérêt dans certains cas à surestimer dans ses déclarations le revenu cadastral pour lui faire dépasser le taux limite, quitte à payer quelques francs d'impôts supplémentaires afin d'éviter de verser les prestations d'allocations familiales en faveur de ses métayers.

« Résultat : la famille Thiennot continuera à ne toucher que cinquante francs par mois. Bel encouragement aux familles nombreuses, bel exemple de la politique de natalité que l'on prétend suivre. »

Gaubert énumère ensuite la liste des treize enfants, sept garçons, six filles ; Désiré-Octave, que les Allemands tuèrent en août 1944, était le cinquième, né le 16 novembre 1917, à Saint-Michel ; il est dit de Gabriel, le neuvième « né le 6 janvier 1927, à Saint-Michel, encore écolier » ; le dixième est Marcel, né le 31 mai 1926, à Saint-Michel, écolier lui aussi. Nous le citons parce qu'il épousera Paulette Brunet, la fille de Désiré, le tueur ; à peine moins débile que Niceron, Marcel Thiennot est de ceux qui savent et se taisent. Poursuivons la lecture de l'article d'Ernest Gaubert :

« Les époux Thiennot, après leur mariage, habitèrent successivement à Lingé, puis à la Filonnerie, commune de Saint-Michel où ils résidèrent pendant dix-neuf ans ; ils vécurent ensuite pendant deux ans à Saint-Michel même, mais ne disposant que d'un étroit logement les enfants étaient constamment malades. Devant cette situation, il y a six ans, M. Thiennot décida d'entrer comme métayer à Montmellier. "Je n'espérais pas y gagner de l'argent, mais là au moins les enfants seraient au grand air." Le brave homme voyait juste à tous points de vue : à Montmellier, il n'a pas gagné d'argent mais ses enfants s'y portent bien. »

Pendant les moissons de 1940, Joseph Thiennot donna de la poitrine contre les leviers de la batteuse ; il ressentit une douleur très vive, mais dès qu'elle s'assourdit, il s'efforça de n'y plus penser. Il mourut d'un cancer l'année suivante, à cinquante-cinq ans. Gabriel se souvient : « C'était le 24 avril 1941, il neigeait. » Berthe Thiennot fut expulsée de Montmellier avec sa progéniture, aussitôt.

Revenons maintenant au 9 janvier 1947, et à la gendarmerie de Mézières-en-Brenne. Jean Lebaudy notifia, une nouvelle fois, par l'intermédiaire du chef Lardeau, que Boistard était « très sérieux, d'une conduite exemplaire... excellent père de famille ». En tant que garde-chasse, il gênait les braconniers du pays « par son action et sa surveillance ».

Jean Lebaudy dicta ensuite à Daraud, le tout dévoué, quelques mensonges sur son passé récent. En avril et mai 1944, il aurait été le chef d'un réseau « d'Artagnan », « délégation militaire P ». On l'aurait chargé de réceptionner quatre tonnes d'armes parachutées pour armer le bataillon Carol. Boistard aurait participé au transport et au stockage de cette cargaison à la ferme Monplaisir, sur la commune de Saint-Michel-en-Brenne. Et le procès-verbal se termine ainsi : « Ceci pour dire que pendant l'Occupation, Boistard a fait tout son devoir de Français résistant et qu'à ce point de vue on ne peut rien lui reprocher. »

Louis Boistard était un homme parmi les autres, ni plus ni moins. Orphelin dès l'enfance, il se plaça comme domestique à sa sortie de l'école primaire et domestique il fut toujours ; appartenir au personnel du Blizon en qualité de garde particulier et habiter à Loups une maison Lebaudy, cela vous posait peut-être auprès des plus pauvres, mais la condition restait subalterne. M. Alglave, le prédécesseur de Béthune, l'avait engagé en 1938, l'année où Boistard quitta une fiancée pour épouser Louise ; voilà le seul moment d'un certain romanesque dans cette existence. Pendant la guerre, il fut mêlé à une rixe et l'on condamna son adversaire en correctionnelle.

En 1942-1943, Gabriel Thiennot, alors employé à Prends garde à toi, avant l'arrivée de Désiré Brunet, mettait des collets, comme beaucoup, et jamais — il s'en souvient — Boistard ne le surprit. Le garde n'avait rien d'un débonnaire, mais il connaissait son métier, les gens et imitant la plupart de ses collègues, il laissait vivoter les braconniers. Il entretenait même avec certains des relations suivies. Jacob Mis et lui, par exemple, avaient leurs histoires de lapins, bien à eux. Quant à Louise Boistard, dès que les Polonais se furent installés à la Blinerie, elle préféra venir chercher chez eux son lait et les produits de la ferme parce que « c'était plus propre ». C'est pourquoi l'affaire du piège volé par le jeune Guy Mis, dans les jours qui précédèrent le crime, se régla, sans éclat, entre Boistard et Jacob devant un verre de gnole.

Avec Prends garde à toi et la famille Brunet, la situation était singulière. D'après deux anciens employeurs de Désiré Brunet, Louis Boistard avait tourné autour de ses filles aînées, Marcelle et Paulette, qui étaient appétissantes et faciles. Cette intimité explique, pour partie, l'attitude du garde quand il prit Désiré en flagrant délit de chasse au gros gibier et lui promit le silence contre deux boisseaux d'avoine pour ses bêtes. Cette scène se passa le 29 décembre 1946, au matin, quelques heures avant le drame.

Autre aspect de Louis Boistard, cette altercation que deux témoins entendirent, malgré eux, à l'automne de 1946, dans l'allée qui mène au château du Blizon. Boistard menaçait Henri Béthune d'un coup de fusil s'il continuait à serrer de trop près son épouse. Le régisseur lui répondit :

— Fais attention : tu pourrais bien être le premier à le prendre, le coup de fusil !

Il y a, enfin, les rumeurs selon lesquelles Boistard aurait dénoncé le prince Murat aux Allemands qui le surprirent et l'abattirent avec son chauffeur, le 21 juillet 1944, près de l'étang de la Gabrière, alors qu'il attendait d'autres officiers du bataillon Carol, dans l'arrière-salle la plus retirée d'un café.

La trahison hypothétique du garde compte parmi les secrets de l'affaire que partagent des proches du Blizon, toujours de ce monde. Mais le jeune prince Joachim Murat, allié à la famille Lebaudy, a pu aussi bien être victime de son insouciance. Le 29 août 1944, plus d'un mois après sa mort, des soldats allemands s'égaillèrent, en pleine retraite, sur la commune de Saint-Michel-en-Brenne ; au château des Cinq Bondes, ils trouvèrent, qui traînaient, le pistolet et des documents appartenant au défunt prince.

Deux Anglaises, que Jean Lebaudy appelait ses « infirmières », résidaient aux Cinq Bondes, avec deux domestiques dont Jeanne Thiennot, une des sœurs de Gabriel. Les soldats s'apprêtaient à fusiller toutes ces femmes, mais leurs officiers s'interposèrent. Le château fut incendié, cependant.

L'évocation de Boistard, de sa vie pas très heureuse, somme toute, pas limpide non plus, nous renvoie aux temps démoniaques de la guerre et au résistancialisme de Jean Lebaudy. Si le nom de Louis Boistard est inconnu des organisations d'anciens de la Résistance, celui de son patron n'est cité qu'une fois dans l'ouvrage très documenté de l'historien Michel Jouanneau : *L'Organisation de la Résistance dans l'Indre, juin 1940-juin 1944*. Page 163 : « C'est ainsi qu'à la fin de 1943 ou au début de 1944, le capitaine de Beauregard (Carol) s'installe dans la Brenne avec trente ou quarante officiers et sous-officiers, avec pour tâche de reconstituer le 17e BCP. Ce groupe de militaires bénéficie de l'aide des habitants de la région et notamment de celle du maire de Mézières, M. Roger Morêve, qui leur fournit cartes d'identité et d'alimentation. Apportent leur concours à cette installation le directeur des Postes d'Azay-le-Ferron, M. René Delavoix et le sucrier Lebaudy qui mit à sa disposition sa propriété Le Blizon sise à Saint-Michel. Celle-ci est un havre providentiel : trois mille hectares de landes avec des fermes et des bois... »

Mais il n'est question ni de la ferme de Monplaisir où auraient été stockées quatre tonnes d'armes, ni d'une responsabilité de Jean Lebaudy dans des parachutages et pas davantage de l'armement du bataillon Carol. La « délégation militaire P » est un mystère, le réseau d'Artagnan aussi. Dans *Berry Magazine* d'avril 1944, consacré à la Résistance, Paul Mirguet alias « Surcouf », qui fut le chef départemental des FFI de l'Indre, écrit : « ... J'ai confié le secteur du Blanc au comte de Bondy alias "d'Artagnan"... »

Jean Lebaudy a été décoré de la médaille de la Résistance et de la croix de guerre, avec certificat signé Jacques Chaban-Delmas. Il n'a pas été le seul. Par contre, il s'est vu infliger un démenti quand il a prétendu avoir fourni du papier au grand journal clandestin *Défense de la France* et son appartenance à l'organisation « Honneur de la police » a été jugée « fantaisiste ». Bref, du résistancialisme. Mais le 9 janvier 1947, les procès-verbaux sur Boistard le vertueux et Jean Lebaudy le héros étaient destinés à préparer les effets d'audience de Me Maurice Garçon quand il défendra, à la partie civile, les intérêts de la veuve Boistard. L'avocat académicien, vieil ami des Lebaudy, dut inspirer cette manipulation. Elle fut la dernière qui laissa des traces dans la procédure, les autres, celles qui assureront la condamnation des innocents et l'impunité aux coupables, Henri Béthune s'en chargera ou Jean Lebaudy lui-même, mais de plus haut, de plus loin et invisible encore, comme le pouvoir, quand il est effectif.

À l'issue d'une enquête de sept mois, j'ignorais encore l'aspect de Jean Lebaudy, personne n'avait été capable de me le décrire. Il était corpulent, affable, selon ses zélateurs, arrogant, d'après d'autres moins serviles ; il portait un manteau ample et des gants. Ces données ne satisfont pas, mais il est rare qu'un puissant, comme l'était encore Jean Lebaudy, se mette en relief. Le 9 janvier 1947, après avoir scellé sinon à jamais, au moins pour un demi-siècle, le sort des huit de Mézières-en-Brenne, Jean Lebaudy s'en retourna à sa fortune, à ses chiens, à ses femmes.

II

Le 11 janvier, Me Benga, désigné par la famille Mis pour défendre Raymond et Stanislas, se fit annoncer au parloir de la prison, en début d'après-midi. C'était un homme respecté, Me Benga. Il avait la cinquantaine ; d'origine sénégalaise, il s'était fait une place au barreau et dans la bonne société de Châteauroux. Il présidait le conseil d'administration d'un orphelinat tenu par des religieuses et s'occupait de l'association des écoles libres.

Raymond entra, s'assit, Benga lui demanda, comme par routine :

— Alors, comment cela s'est-il passé ?

Et Raymond, très calme :

— Je n'en sais rien, je n'ai pas tué.

L'avocat eut un haut-le-corps :

— Attention ! C'est grave ce que tu dis là ! Et si les autres affirment le contraire ? Allons, il faut dire la vérité.

Raymond répéta, martelant ses mots :

— Non, je n'ai pas tué.

Depuis son entrée en cellule, au soir du 8, il s'était rasséréné. Il souffrait encore de ses blessures, l'isolement et le froid lui étaient pénibles, mais une pensée l'apaisait : « Ici, au moins, ils ne me toucheront plus. » Il raconta donc la chasse du 29 décembre et sans trop de réticences, les tortures qu'on lui avait infligées. Me Benga en pleura.

Pendant ce temps, à la gendarmerie de Mézières-en-Brenne, Daraud, Vidal et Lardeau cuisinaient les enfants Mis. Jean, ils n'eurent pas à le toucher ; il avait dix ans « p'tit Jean », il dit qu'il avait assisté à la mort du garde Boistard et tout ce qu'ils voulurent. Guy Mis « confirma en tous points » la déclaration de son frère. À quatorze ans et demi, Guy était un handicapé. Quand la famille habitait aux Augères, on l'envoyait garder les vaches en compagnie d'un autre, si possible, parce qu'il était épileptique. Un jour froid d'hiver que Gaston Chichery avait joint son troupeau au sien, les deux garçons décidèrent d'allumer un feu. Pendant que Guy se chauffait aux grandes flammes, Gaston courut après ses bêtes qui s'éloignaient des autres. Quand il revint, Guy, en proie à une crise, était tombé dans le foyer. Il eut le bras gauche brûlé, fut mal soigné, sa main et ses doigts restèrent atrophiés. À chaque fois qu'il est question de lui dans la procédure, gendarmes et policiers ne manquent pas de l'appeler « l'estropié ».

Le 11 janvier, à la gendarmerie, ils lui piquèrent les fesses à coups d'aiguille pour qu'il parle plus vite. Ce fut fait d'une manière si vicieuse que Guy, par peur de pire, joua les insensibles ; et Jacob, le père, ne se rendit compte de rien. Il avait été requis pour assister à l'audition de ses enfants, puisqu'ils étaient mineurs. Mais n'était-il pas déjà ailleurs, dans sa grande épreuve à lui, Jacob Mis ?

Il avait été entendu avant Jean et Guy par procès-verbal. Il est dit dans cette pièce qu'il ne sait ni lire, ni écrire le français et « le comprend difficilement ». Daraud, Vidal et Lardeau avaient senti, peut-être, qu'ils devaient se modérer avec Jacob, qu'il ne parlerait pas, même sous les coups. Ils le démolirent d'une autre façon. À propos du déjeuner des chasseurs à la Blinerie, le 29 décembre, ils lui font dire « Nous avons bien bu » ; puis au retour du bois Jacques des Bœufs « Je suis resté pour ma part à la maison où j'ai bu un coup. » Et quand les chasseurs revinrent casser la croûte « Je dois vous préciser qu'à ce moment-là j'étais passablement ivre, car toute la journée nous avions bien bu. » Au départ de la camionnette pour St-Genou, les chasseurs n'avaient pas voulu de Jacob « étant donné que j'étais ivre ». Un peu plus bas, enfin « étant ivre, je ne marchais pas facilement ».

Les Mis ? Une bande d'ivrognes, venus à pied de Pologne. Cette imagerie populacière commencera à se propager dès ce mois de janvier. Dans le même temps, Béthune et ses gens colporteront les cancans de Saint-Michel-en-Brenne sur Gabriel Thiennot, le débauché à la cravate rouge, avec son insolence de communiste ; ce crève-la-faim, qu'on avait vu tout petit, en tablier et en sabots !...

Le Jacob Mis que le procès-verbal du 9 janvier représentait comme un pochard de caricature, était un homme de quarante-quatre ans sur le point de finir. On a dit que l'alcool avait occasionné sa déchéance. François Krück, le beau-frère de Jacob, buvait sec lui aussi et il est mort en décembre 1993 à quatre-vingt-six ans, après avoir prospéré et enraciné les siens dans l'Indre.

Jacob, pendant ses dix premières années en France, 1930-1940, avait donné l'exemple d'un lutteur, d'un rassembleur. Avec son frère Jean, il travailla d'abord, nous l'avons dit, pour les betteraviers du Nord. Puis en 1934, dans l'Indre, il prit une ferme en métayage : la Borde, à Tournon-Saint-Martin, près de Fontgombault. On l'accueillit bien ; il était capable, montrait du caractère, de l'allant. Il fit venir de Pologne sa femme, Saloméa ; elle tenait un bar-tabac avec salle de danse, à Opaliniska. Le couple, marié en 1923, avait déjà trois enfants : Stanislas, huit ans, Raymond, sept ans, Guy, deux ans. François Krück, qui avait épousé Julia, la sœur de Jacob, arriva à son tour. Owscharek et d'autres compatriotes s'établiront bientôt dans l'Indre, grâce à Jacob Mis, devenu président de l'association régionale des Polonais.

En 1937, les Mis quittèrent Tournon-Saint-Martin, pour prendre une grosse ferme, la Musardière, à Ruffec, à dix kilomètres de Le Blanc. Jacob employait alors un charretier, trois bricolins ; il avait deux paires de bœufs, vingt vaches laitières, cent bêtes à cornes. Souvenir de Stanislas : « On avait quatorze jours de battage, mais c'était beaucoup de travail pour pas grand-chose, il y avait plus de foin que de blé. » Jacob avait acheté deux voitures, une Panhard, une Berliet. Les Mis connurent à la Musardière un semblant d'aisance. Le représentant de l'ambassade de Pologne à Limoges leur rendait visite et Jacob ouvrit une école de polonais à la ferme ; elle fonctionnait le jeudi et le dimanche, venait qui voulait.

La déclaration de guerre, en septembre 1939, compromit tous ces efforts, la main-d'œuvre manqua ; c'était Stanislas, à treize ans, qui labourait avec les bœufs. Jacob décida d'arrêter : « C'est trop grand pour nous. » En 1940, il prit en métayage une petite exploitation aux Augères, sur les hauteurs de la commune de Palluau. Stanislas entra dans l'une des six fabriques de porcelaine de Saint-Genou ; cela faisait au moins une paye régulière pour une famille de six enfants, maintenant. Janine et Irène étaient nées à Tournon Saint-Martin, Jean à la Musardière.

Les Mis rencontrèrent sympathie et solidarité aux Augères, comme dans leurs résidences précédentes. « Les enfants allaient pieds nus, la moitié de l'année » se rappelle Gaston Chichery et Bernard Chauvet : « Saloméa Mis, ce qu'elle travaillait ! Elle transportait le fourrage sur son dos, il fallait voir. » Le père de Bernard, Georges Chauvet, l'ancien gendarme, prêtait son cheval à Jacob, quand il le fallait. Un dernier souvenir d'Irène Mis, à trois ou quatre ans : « Mme Chauvet, la mère de Bernard, laissait traîner exprès des morceaux de chocolat. Je les chipais et j'allais les manger sous la table. » Les Krück, les Owscharek, les Sadanovitch venaient le dimanche et c'était la fête, avec Saloméa aux fourneaux.

Les six ans aux Augères, nous en avons déjà parlé. Malgré la pauvreté extrême, l'accident et l'infirmité de Guy, les Mis n'y avaient pas été malheureux. Vint l'installation à la Blinerie, en juin 1946, à la Saint-Jean ; six mois plus tard, c'était l'affaire, la foudre sur cinq familles, les Thiennot, les Thibault, les Chauvet, les Chichery, les Blanchet. Les Mis, plus vulnérables, on les piétina. Leur ténacité, l'esprit de clan et quelques grands cœurs les sauvèrent sauf Jacob. Il fut condamné avec son frère Jean, en 1947, à trois mois de prison pour avoir vendu des produits et des machines de la Blinerie, alors sous séquestre. Il ne sera plus question de lui, l'exclu, l'errant, avant longtemps. Il passera ses dix dernières années à Grenoble pas loin de Stanislas, qui avait pu le placer dans une maison de retraite. Quand il venait chez son fils, il se débrouillait toujours pour apporter quelques bonbons à ses petits-enfants. « Je l'ai vu pleurer souvent », dit Hélène, la femme de Stanislas. Elle réussit à photographier Jacob aux côtés de Saloméa pendant un séjour de cette dernière à Grenoble. Hélène, elle-même d'origine polonaise, les surprit se murmurant l'un à l'autre, dans leur langue :

— Sans cette affaire, jamais nous ne nous serions séparés.

Ce fut l'une des rares fois que Jacob revit son épouse. Elle vivait auprès de ses filles, dans la région de Toulon et s'occupait de leurs enfants, Saloméa, la forte.

Reprenons le cours de l'affaire au 12 janvier 1947 quand Jean Owscharek et François Krück arrivèrent à bicyclette chacun de leur côté, à la gendarmerie de Mézières-en-Brenne où ils étaient convoqués. Ils venaient d'une quinzaine de kilomètres, l'un d'Obterre, l'autre de Murs. Ils ne parlaient pas bien français, mais comprirent quels aveux Daraud, Vidal et

Lardeau tentaient de leur arracher. Et ils s'obstinèrent à dire la vérité : non, le 29 décembre, ils n'avaient pas vu le garde Boistard et c'était comme ça. Ils furent passés à tabac pendant vingt-quatre heures. Owscharek parvint à monter sur son vélo et regagna Obterre ; François Krück était dans le coma.

Le 13 au matin, comme il n'était pas rentré à Murs, Julia Krück attela et fit trotter son cheval jusqu'à Mézières. Place de la foire aux porcs, elle pénétra dans la gendarmerie en grognant et sans attendre, visita les locaux ; son « bonhoume », comme elle disait, gisait dans une pièce. Elle le traîna jusqu'à la charrette où elle le chargea, lui et sa bécane. De retour à Murs, elle appela le médecin, fit constater l'état du blessé. Les gendarmes s'amenèrent peu après, elle les mit dehors.

Dans l'après-midi de ce même 13 janvier, Raymond Mis emprunta pour la première fois le passage souterrain qui reliait la prison au palais de justice. On le conduisait à l'instruction et il espérait beaucoup de cette entrevue avec le juge : un magistrat — pensait Raymond — n'avait rien à voir avec des gendarmes et des policiers.

René Haulon était un homme de vingt-sept ans, petit, aux cheveux bruns et bouclés ; élégant, enveloppé, de la rondeur, on aurait dit une gravure de mode. Il avait manqué à ses devoirs, le 8 janvier, à la mairie de Mézières-en-Brenne : il ne s'était pas présenté aux prisonniers, ne leur avait pas signifié leur inculpation, ni averti qu'ils étaient libres de ne faire aucune déclaration.

Raymond et Gabriel ont signé, l'un et l'autre, un procès-verbal, daté du 8 janvier à 15 heures, avant de rejoindre leurs camarades en partance pour la prison de Châteauroux. Ces procès-verbaux figurent au dossier, ainsi qu'un procès-verbal de transport signé par Haulon et son greffier, daté du 8 à 13 heures, où il est mentionné que Mis Raymond et Thiennot Gabriel ayant fait « des aveux complets » il a été procédé à leur interrogatoire de première comparution. Il n'y a pas trace au dossier de procès-verbaux du même genre concernant les six autres.

La présence du juge à Mézières, cet après-midi-là, a été mise en doute puisque tous ceux de l'affaire en sont persuadés : ils ne l'ont pas vu. Un juge d'instruction qui se mêle, anonyme, aux enquêteurs, cela arrive et si tel fut le cas de René Haulon à Mézières-en-Brenne, comme c'est probable, il avait constaté l'état calamiteux des suppliciés et préféré se taire, laissant à Daraud le soin de contraindre Raymond et Gabriel à signer cette redite de leurs aveux qu'était le procès-verbal de première comparution. On les avait obligés, par surcroît, à répéter à voix haute une phrase qui corsait ce document : « Je regrette de tout cœur l'acte que j'ai commis. J'en demande pardon à la famille Boistard. »

L'attitude de René Haulon, le 8 janvier à Mézières, s'explique si l'on se rappelle que dès son arrivée à l'étang des Saules, le 31 décembre après-midi, après la découverte du cadavre de Boistard, Jean Lebaudy et Henri Béthune lui avaient fait comprendre à lui, le jeune magistrat, comme à Daraud, le jeune commissaire, que les huit chasseurs devaient passer pour les coupables et avouer ; et que d'ailleurs, les gendarmes de Lardeau s'occupaient déjà de Thiennot, le petit gueux.

Le 8 janvier à Mézières, Haulon avait donc entériné le fait accompli : les puissants avaient décrété, leurs bourreaux avaient œuvré. Son rôle de juge d'instruction d'une cause déjà entendue consisterait désormais à compromettre les quelques toutes petites chances qui restaient peut-être aux accusés. Et il s'y employa dès le 13 janvier en recevant Raymond Mis et son conseil, Me Benga. Il les empauma d'entrée en modifiant l'inculpation qu'il prétendit avoir signifiée, le 8 janvier, à Raymond. Celui-ci ne releva pas ; il ne comprit pas davantage que la nouvelle inculpation d'avoir « ... de concert avec Gabriel Thiennot donné la mort à Boistard Louis et ce, avec préméditation » faisait de lui un assassin et non plus un meurtrier. Que lui importait, de toute façon, puiqu'il était venu jusqu'ici afin de rétracter ses aveux devant ce magistrat qui ne pouvait qu'être juste, le comprendre et rétablir la vérité.

Raymond dit : « Je n'ai pas tué le garde » et il déballa son histoire, mais Haulon l'interrompit : il fallait dicter au greffier. Voici le résultat : « Contrairement à ce que j'ai dit aux inspecteurs de la police judiciaire et à vous-même le 8 janvier, lors de mon interrogatoire de première comparution... » Raymond ne réagit pas, Me Benga non plus.

Haulon réussit ensuite à perturber Raymond qui avait entrepris de raconter l'après-midi du 29 décembre tel qu'il l'avait vécu. Il l'amena peu à peu à parler de « la discussion qui a eu lieu sur la chaussée de l'étang Nuret ». Cette phrase au procès-verbal renforçait le mensonge de Désiré Brunet, c'est-à-dire la dispute imaginaire du garde et des chasseurs au bois Jacques des Bœufs.

Haulon interrogea Raymond sur l'humidité des pantalons saisis à la Blinerie, sur le percuteur droit qui manquait au fusil, sur les vêtements tachés de sang. Il demanda, enfin : « Pourquoi avez-vous avoué ? » Et Raymond, qui portait encore des marques de coups et avait mal partout, répondit qu'il était « très fatigué par les interrogatoires », qu'il n'avait pas discuté « pour avoir la paix ». Comme Me Benga semblait approuver cette manière timorée d'évoquer l'horreur et qu'il avait suggérée à son client, Haulon, perfide, en profita :

— Lors de mon interrogatoire de première comparution vous m'avez fait des aveux complets, n'est-ce pas ?

Raymond fit oui.

— Je ne vous ai forcé en aucune façon, vous le reconnaissez ?

Raymond fit oui, à nouveau, mais il ajouta :

— Je ne vous ai pas dit la vérité à ce moment-là parce que j'étais encore très fatigué.

Cette réponse fut consignée par le greffier : elle n'engageait à rien. Et grâce aux subterfuges de René Haulon, les huit jours de tortures à Mézières se réduisaient à des interrogatoires fatigants. Autre conséquence des manœuvres du juge : Me Maurice Garçon répétera sans cesse aux jurés que la rétractation unanime des accusés ne valait rien, qu'ils avaient avoué aux policiers et renouvelé leurs aveux à l'instruction devant le magistrat. Nul ne fut en mesure de le contredire puisque René Haulon avait embobiné les prévenus les uns après les autres.

Le 15 janvier, André Chichery reconnut avoir fait des aveux complets au commissaire Daraud « mais j'étais extrêmement fatigué par les interrogatoires auxquels il m'a soumis ». Et Haulon obtint de Chichery cette réponse : « J'ai passé les mêmes aveux devant vous. »

Jean Blanchet lui succéda, dit qu'il était « sous la contrainte » quand il avait avoué à Daraud et reconnut, comme Chichery, ses aveux devant le juge, avec cette variante de taille : « Lors de mon interrogatoire de première comparution. » Le procès-verbal de cet interrogatoire de Jean Blanchet ne figure pas au dossier ; non plus que ceux de Gervais et Émile Thibault, Stanislas Mis, Bernard Chauvet.

Ils se rétractèrent le 16 janvier et reconnurent, tous les quatre, qu'ils avaient subi, en effet, un interrogatoire de première comparution à Mézières-en-Brenne. Le 18, Gabriel Thiennot sera plus docile encore. Il consentit à dire qu'il avait avoué aux inspecteurs à cause d'« interrogatoires extrêmement prolongés » ; « très fatigué », il s'était contenté de répondre oui à tout ce qu'ils disaient. Haulon lui parla alors de ses aveux complets, lors de l'interrogatoire de première comparution ; Gabriel reconnut et les aveux et l'interrogatoire. Les inspecteurs lui avaient dit — ajouta-t-il — qu'il lui fallait renouveler ses aveux devant le juge. Il avait pleuré — reconnut-il —, demandé pardon à la famille Boistard et l'indulgence de la justice, les inspecteurs lui ayant dit qu'il avait « intérêt à avoir cette attitude ». On ignorera toujours quelles ficelles le juge sut tirer, mais il les a bien eus, ce petit jeune homme aussi maniéré qu'une gravure de mode.

Et les défenseurs, alors ? Pourquoi n'ont-ils rien fait, rien tenté ? Tous les avocats qui intervinrent à ce moment-là ou plus tard jouèrent les utilités dans un drame dont la justice ne fut que le théâtre. La condamnation de Raymond Mis et Gabriel Thiennot, comme celle des six autres, relevait, dès l'origine, de la politique, nous entendons de la politique en ce qu'elle a d'inéluctable et de constant, quel que soit le régime en place au moment où éclate une affaire semblable. Un puissant, de ceux que l'on ne touche pas, règle ses comptes, l'institution judiciaire n'a plus qu'à suivre ; à plus forte raison ses auxiliaires parmi lesquels les avocats se rangent. En janvier 1947, les remous autour du faux témoignage de Niceron prouveront, avant la fin de l'instruction retorse de René Haulon, que des forces occultes agissaient, chaque fois que l'on se risquait à contrecarrer les volontés de Jean Lebaudy.

III

Le faux témoignage de Niceron mit, en effet, du mouvement dans l'instruction, vers la fin de janvier 1947. Le 17, le juge télégraphiait au commissaire de Neuilly-sur-Seine, où Jean Lebaudy avait sa résidence parisienne ; il sollicitait du sucrier la communication de l'adresse d'Albert Niceron. On lui répondit le jour même : écrire aux bons soins de M. Blézy, pavillon de l'Obélisque, à Villeneuve-le-Comte (Seine-et-Marne). Haulon envoya à l'ancien domestique de Grosjean une convocation pour le 22. Henri Béthune aurait ainsi le temps de le préparer. Le régisseur s'occupait lui-même des déplacements de Niceron avec une voiture du Blizon et un chauffeur, M. Moteau. Pendant les voyages, M. Moteau l'entendait qui obligeait le simple d'esprit à apprendre par cœur.

— Qu'est-ce qui s'est passé au bois Jacques des Bœufs ? Qui a insulté Boistard sur la chaussée de l'étang Nuret ? Et dans la camionnette, au retour, qui a parlé de Boistard ?

L'autre idiot mélangeait tout, Béthune, impitoyable, le reprenait :

— Non, ce n'est pas ça. Répète ce que je vais dire... Après les premiers coups de feu, Grosjean m'a dit : « Partons, il est arrivé quelque chose... »

C'était le 22 janvier, ils roulaient vers Châteauroux. Le 18, le juge avait entendu Grosjean, qui s'était rétracté.

Christian espérait depuis des jours cette délivrance. Le 4 au soir, dès son arrivée à la Blinerie, il avait tout dit à sa mère de la trahison de Niceron et de la sienne. Mme Grosjean n'hésita pas :

— Demain matin, nous irons à Châteauroux.

Avec des chevaux, cela représentait tout un voyage ; aller, retour, une soixantaine de kilomètres. Tôt le 5, Christian attela la carriole et s'en fut, la mère à ses côtés, voir Me Perichon, l'avocat de la famille. Qu'il ait répété par peur de Daraud les inepties que le commissaire avait déjà soufflées à Niceron, n'était pas digne des Grosjean, Christian le savait. Et les Grosjean, mère et fils, attendaient de Me Perichon qu'il leur indique le moyen le plus radical de réparer. L'avocat conseilla de demander audience au juge sans leur cacher qu'il ne s'illusionnait pas sur la portée de la démarche.

Haulon reçut Christian Grosjean le 18 janvier et lui opposa ses propres déclarations du 3 et du 4 à Mézières, selon lesquelles il avait été le témoin involontaire de la mort du garde Boistard. À la quinzième ligne d'un procès-verbal compact, le juge consentit à insérer cette phrase : « Cependant je vous affirme aujourd'hui que j'ai menti aux inspecteurs. » Au moment de clore le procès-verbal, Haulon, doucereux, prévint Grosjean : les magistrats de la cour d'assises séviraient peut-être et l'inculperaient de faux témoignage. Mais Christian était alors un adolescent qui courait après son honneur et il insista :

— Quelles que soient les conséquences qui peuvent résulter de mon changement d'attitude, je maintiens que je viens de vous dire la vérité.

Le 22 janvier, Grosjean, confronté à Niceron, se sentit en droit de traiter avec mépris cet imbécile dangereux, qu'Henri Béthune — il le savait — remontait comme un jouet. Le faux témoin n° 1 excité, agressif, sur ses gardes, n'avait plus rien du pauvre bougre dont Christian disait un jour, sans méchanceté : « Il fallait bien un fou comme moi pour engager un fou comme lui. » Mais lors de la confrontation, ce pantin des puissants ne prêtait pas à rire quand il bredouillait ses énormités ; elles constituaient les seules preuves ou prétendues telles, de l'accusation. Le juge les dictait au greffier, les traduisant à mesure en français correct.

Christian Grosjean, quand il eut enfin la parole, déclara :

— Contrairement à ce que dit le témoin Niceron, je n'ai pas entendu d'altercation à Jacques des Bœufs. D'autre part, il n'a pas été question de Boistard dans la camionnette. Enfin, en ce qui concerne les faits relatés par Niceron au sujet des coups de feu qui auraient été tirés sur le garde Boistard, je dis que cela est faux ou, pour être plus exact, je n'ai rien vu de tout cela.

Quand Christian Grosjean prit congé du juge, vers 13 heures, il pouvait considérer qu'il avait au moins accompli son devoir ; quant à l'affaire, il repensait à Me Perichon lui laissant entendre qu'elle était jugée d'avance.

À 15 heures, le juge rappela Désiré Brunet qu'il avait entendu le matin et auquel il avait ordonné de rester à sa disposition. Brunet, mû par la peur et par l'argent de Lebaudy, se cramponnerait, Haulon n'en doutait pas, à ses mensonges sur la discussion de Boistard avec les chasseurs ; et Niceron réciterait sans faiblir la leçon que Béthune lui avait rabâchée. On introduisit dans le bureau Raymond et Stanislas Mis, Me Benga, leur défenseur, qui représentait, pour l'occasion, Me Anne-Marie Ferrière, avocat de Thiennot et l'on fit entrer ce dernier. La confrontation ne donna rien, celle qui suivit non plus. À 17 heures Jean Blanchet, André Chichery, Bernard Chauvet, Gervais et Émile Thibault, assistés de Me Ferrandon, répétèrent, les uns à la suite des autres, que les témoignages de Brunet et de Niceron étaient faux, qu'ils ignoraient tout du meurtre du garde Boistard et ne l'avaient pas vu le 29 décembre.

Au cours de cette journée où Grosjean retrouva sa fierté, les accusés avaient éprouvé quelques émotions fortes à la vue de Brunet et de Niceron, pressés, eux, d'en finir. Mais que s'était-il passé de nouveau ? Le juge et les avocats avaient tenu leurs rôles respectifs dans cette représentation judiciaire que prévoyait la loi.

Il en fut de même, le 27 janvier, lorsque les huit de Mézières, confrontés entre eux, s'accordèrent sur leur emploi du temps du 29 décembre, entre 16 heures et 16 h 45, c'est-à-dire entre le moment où ils chassèrent derrière la Blinerie et celui où la camionnette repartit pour Mézières et Saint-Genou. Haulon profita de cette séance ronronnante pour disjoindre : seuls Raymond Mis et Gabriel Thiennot comparaîtraient devant la cour d'assises, les six autres seraient traduits en correctionnelle, sous l'inculpation d'« abstention volontaire d'empêcher un fait qualifié crime ».

Le lendemain 28, le juge mit tout son talent de finassier au service du commissaire divisionnaire Tardieu, de ses hommes de la

20e mobile, Daraud, Parot, Vidal et du chef Lardeau ; il leur fallait répondre aux accusations de violences que tous, et Raymond Mis le premier, s'étaient enfin décidés à lancer contre eux.

Raymond dit qu'il avait avoué parce qu'il était battu. Daraud protesta : « Absolument faux !... Tous les détails des aveux ont été fournis par lui. » Raymond persista :

— J'ai été battu et je me suis contenté de répondre oui à tout ce qu'on me disait.

Haulon organisa alors un désordre au cours duquel tous les antagonistes parlèrent en même temps et il s'ingénia à réduire le sujet de cet affrontement à pas grand-chose. Exemple : l'inspecteur Parot affirme que : sur les lieux, entre la Blinerie et l'étang des Hautes Rondières, il a dit à Émile Thibault : « Passe devant et conduis-nous. » Émile Thibault réplique : « C'est inexact, les inspecteurs m'ont dit : "Marche toujours et si tu te trompes on te remettra dans le droit chemin." Arrivés à l'endroit où le garde aurait été tué, on m'a dit : "C'est ici." Et là j'ai été frappé par un autre inspecteur que le témoin. »

Voilà comment Haulon minimisa le débat. À la lecture des trois procès-verbaux du 28 janvier, il est impossible d'imaginer les jours hideux de Mézières-en-Brenne. Et les avocats, Mes Benga, Ferrière et Ferrandon avaient fait de la figuration, une fois de plus.

Niceron avait participé à cette confrontation ; le juge s'était servi de lui pour exaspérer les huit jeunes gens et ajouter ainsi à la confusion. À la sortie du palais de justice, le débile oublia les ordres de Béthune ; au lieu de rentrer en Seine-et-Marne chez M. Blézy, il s'en alla chez sa mère, à Villiers. Et le 30, il se laissait entraîner par Georges Chauvet dans une équipée qui n'avait pas le sens commun et ne pouvait qu'échouer.

Georges, le père de Bernard, avait des réactions d'écorché vif depuis le 3 janvier. Il était absent des Augères, le 1er, quand les policiers vinrent arrêter son fils. Dès son retour, le 2, il bondit à Mézières où Lardeau, son vieil ami, le reçut à la gendarmerie dans le bureau du planton. Il resta très évasif, le vieil ami, quant au sort que l'on réserverait à Bernard et à ses camarades. Georges revint le voir le 3 et, cette fois, Lardeau lui interdit l'accès de la brigade. Georges s'énerva :

— Mais Clément, tu sais bien que ces garçons ne sont pour rien dans la mort de Boistard !

Et Lardeau, crispé, le regard fixe :

— Oui, je sais, mais il faut que ce soit comme ça...

Georges Chauvet apprit, au jour le jour, les bruits qui circulaient dans toute la région de Mézières : les nuits de la mairie, les cris, les allées et venues sous les couvertures. À la prison de Châteauroux ensuite, Bernard, au cours des visites, ne lui racontait que des bribes. Georges Chauvet enrageait : quoi faire ? qui voir ? Le 30 janvier, il retourna à Mézières, avec son ami Henri Lecreux, un chauffeur de taxi de Buzançais, à quelques kilomètres des Augères. De Mézières on poussa jusqu'à la Blinerie, histoire de discuter avec Jacob et Saloméa Mis, avec Grosjean aussi, pour qu'il raconte ce qui s'était passé à la confrontation avec Niceron. Grosjean dit, goguenard :

— C'est formidable, il a dit qu'il avait vu Mis et Thiennot tuer le garde, or il est tout le temps resté avec moi et j'en ai rien vu !

Jacob Mis avait l'adresse de Niceron, à Villiers. Georges Chauvet et Henri Lecreux y allèrent. La mère de Niceron les reçut, elle pensait que son fils était « au coiffeur », mais il arriva et salua l'ancien gendarme : « Bonsoir, monsieur Chauvet. »

Georges Chauvet lui mit la main sur l'épaule :

— Mon petit gars, je viens en père de famille. Ne t'inquiète pas, les policiers ne te feront plus rien.

On parla de l'affaire et Niceron dit, tout de suite :

— Il est temps que ça finisse cette affaire, j'en ai gros sur la conscience. C'est les policiers qui m'ont obligé à dire ce que j'ai dit.

Chauvet aussitôt :

— Est-ce que tu accepterais que la police ou quelqu'un d'assermenté prenne ta déclaration ?

Niceron voulait bien, il monta dans le taxi d'Henri Lecreux. Ils repassèrent par Buzançais faire de l'essence et filèrent sur Châteauroux où ils arrivèrent vers 19 heures. Georges Chauvet ne savait plus comment s'y prendre, il préféra passer à la gendarmerie demander conseil à son frère Roger, l'adjudant :

— Le mieux serait de le conduire chez Me Ferrandon, dit Roger, qui tint à les accompagner.

Il était en uniforme.

Ferrandon était l'avocat qui montait, à Châteauroux. Bel homme, la quarantaine, il était allié par son mariage aux grandes fortunes terriennes. Il comprit vite la situation en voyant Niceron et téléphona à Me Mardelle, huissier :

— J'arrive avec des clients.

Chez l'huissier, Niceron, interrogé par Ferrandon et Mardelle, confirma sa déclaration, accepta qu'elle soit enregistrée. Comme il était illettré, il fit une croix au bas du document que signa Henri Lecreux, à titre de témoin. Voici l'essentiel du témoignage, daté du 30 janvier, à 19 h 30 :

« ... Au sujet du crime commis sur la personne du sieur Boistard, garde particulier de M. Lebaudy, j'ai passé, le jour du crime, la soirée avec les nommés Thibault, Chauvet, Blanchet, Chichery, Mis et Thiennot. J'ai quitté ceux-ci vers 16 h 30 en bordure d'un pré situé au lieu-dit "Les Champs Naudet". Thiennot m'a accompagné pendant quelque temps avec Grosjean, alors que tous les autres camarades étaient retournés vers la ferme de la famille Mis.

« J'ignore absolument tout des causes du crime et les déclarations que j'ai faites m'ont été dictées sous la menace des policiers.

« Le 8 janvier M. Lebaudy m'a proposé de le suivre aux environs de Paris ; j'ai accepté, puis il m'a ramené à Châteauroux, le 21 janvier pour être entendu à l'instruction et doit me ramener avec lui demain matin, 31 janvier. »

Au retour, Georges Chauvet, Henri Lecreux et Niceron s'arrêtèrent au *Soleil d'Or,* un hôtel de Buzançais. Ils demandèrent une chambre, Niceron remplit sa fiche d'hôtel et après une tournée, Chauvet et Lecreux prirent congé en disant : « Nous ne sommes pas encore arrivés. » Niceron, désemparé, confia à Mme Fleury, la patronne de l'hôtel :

— Je viens pour l'affaire de Mézières, l'assassinat du garde-chasse, vous savez. Je suis embêté. Ceux qui ont avoué, eh bien... ils ne sont pas coupables.

— Ils ont avoué pourquoi, alors ? demanda Mme Fleury.

Niceron, l'air désolé, répondit :

— Parce que les gendarmes et la police les ont battus... et moi aussi. C'est pour ça qu'ils ont avoué.

Niceron rentra à Villiers le lendemain, 1er février. Le 6, Béthune vint le cueillir avec la voiture du Blizon et M. Moteau. Le régisseur annonça à son faux témoin, mal à l'aise :

— Le juge nous recevra après-demain.

Haulon entendit Béthune en premier, comme pour rehausser le personnage ; il n'avait rien à dire de spécial, pourtant, sauf que Chauvet et d'autres personnes à Châteauroux avaient « forcé » Niceron. Celui-ci, en présence de Béthune, donna une version de son revirement, elle était saugrenue, mais très étudiée, et permit au juge de délivrer une commission rogatoire à la 20e brigade mobile de Limoges. L'objet de cette commission, datée du 10 février 1947 : subornation de témoin dans l'affaire Mis et Thiennot. L'inspecteur Maurice Parot fut chargé de l'enquête ; il connaissait bien Niceron et savait le prendre. Le 15, il remettait son rapport selon lequel, Georges Chauvet avait dit en arrivant à Villiers et bien sûr, devant la mère de Niceron : « Les premiers inspecteurs ont fait fausse route et sont arrêtés. Nous sommes les nouveaux inspecteurs chargés de l'affaire. C'est toi qui tiens la clé de toute la musique. » Puis prenant Niceron par l'épaule : « Mais dis donc comme les autres que tu n'as rien vu et que tu as été battu par les inspecteurs. »

Des auditions de Niceron et de sa mère, Maurice Parot conclut que Georges Chauvet et Henri Lecreux pouvaient être convaincus de subornation de témoin, d'usurpation de fonctions, d'outrages à commissaires et inspecteurs de police OPJ (officiers de police judiciaire). Il mettait en cause, par ailleurs, le maréchal des logis chef de gendarmerie Roger Chauvet qui avait intimidé Niceron, parce qu'il était revêtu de son uniforme. Parot révélait que « le bruit circulait dans la région de Mézières-en-Brenne tendant à faire croire que les fonctionnaires de police ayant procédé à l'enquête avaient été arrêtés ». Et Parot se prévalait de cette information, vraie ou fausse, pour écrire : « Dans cette affaire, il appartient à la juridiction saisie d'apprécier, ainsi qu'il convient, le rôle tenu par chacun des acteurs de cette manœuvre mettant en cause des fonctionnaires de police. »

Le juge n'ébruita pas l'affaire. À sa demande Parot avait évité d'entendre Mes Ferrandon et Mardelle, mais l'un et l'autre furent sanctionnés dans les mois qui suivirent. Le commandant de la compagnie de gendarmerie de Châteauroux convoqua Roger Chauvet, le prévint qu'il serait blâmé, déplacé et que sa carrière était compromise. Chauvet lui présenta alors sa démission, qui fut acceptée.

Nous verrons quel parti Me Maurice Garçon sut tirer de la mésaventure des frères Chauvet au moment où Niceron, auquel il ne se fiait pas, fut entendu par la cour d'assises de l'Indre, à Châteauroux. Haulon, lui, passa la main, après cette dernière amaque.

Pierre Duché, juge d'instruction à Le Blanc, le remplaça, au prétexte que la ville redevenait siège d'un tribunal et que le crime avait été commis sur le territoire de cette juridiction.

Le 8 mars 1947, Me Ferrandon, que son conseil de l'ordre n'avait pas encore suspendu, écrivait au juge Duché. Il lui demandait de faire procéder à une nouvelle enquête par d'autres policiers ; cette mesure — arguait-il — se justifiait par les dénégations de ses clients « et aussi devant les coups et les pressions dont ils affirmaient avoir été l'objet et dont moi-même j'ai pu constater les traces... ». Me Ferrandon insistait ensuite sur la nécessité d'un transport sur les lieux « qui n'avait jamais été fait ». Le juge Duché tergiversait : pourquoi se serait-il remué davantage que son prédécesseur ? Béthune et Daraud le décidèrent. Un transport sur les lieux, auquel assisterait une presse tout acquise à la thèse de l'accusation, donnerait, selon le régisseur du Blizon, de la consistance au témoignage de Niceron. Daraud pensait, pour sa part, que cette mesure faciliterait le remaniement, en douce, du rapport d'autopsie, qui ne collait pas avec les aveux.

Le 12 avril 1947, la reconstitution commença à 10 heures du matin avec l'arrivée du juge Pierre Duché place de la foire aux porcs. Les gendarmes, les policiers de la 20e mobile de Limoges, les avocats Patureau-Mirand, partie civile pour la veuve Boistard et qui, par leur présence, évitaient à Me Maurice Garçon de se déplacer, Benga, Anne-Marie Ferrière et Ferrandon, tous ces gens de justice attendaient le magistrat ainsi que des témoins, André Thiennot, Désiré Brunet, Christian Grosjean, Jacob et Guy Mis, Niceron et Henri Béthune. Aucun des trois avocats de la défense n'émit la moindre réserve sur la présence du régisseur à titre de témoin ; il avait été témoin de quoi, Béthune ?...

Le procès-verbal précise : « Les inculpés détenus avaient été conduits directement au bois Jacques des Bœufs... L'inculpé Thibault Émile, en liberté provisoire, s'était joint à eux. » La mise en liberté d'Émile Thibault, pour raisons médicales, était un de ces impondérables contre lesquels personne n'a jamais rien pu, Jean Lebaudy ou Henri Béthune, pas plus que d'autres.

Nous avons vu qu'Émile Thibault était déjà mal en point le 8 janvier au soir, au moment de l'incarcération à la prison de Châteauroux. Le 20 mars, il fut admis à l'infirmerie, mais son état empira et le docteur Gadaud décida de le transférer au cabanon cellulaire de l'hôpital dont l'entrée, Émile se le rappelle, était gardée par des policiers. Le 25 mars, il subit un pneumothorax ; une de ses côtes cassées avait perforé le poumon. Le docteur Deloulet, qui avait pratiqué l'intervention, lui dit :

— On va faire une demande de mise en liberté. Avec la capacité thoracique que vous avez et un régime sévère, vous devriez vous en tirer... Suralimentation, sieste tous les après-midi, pas de travail, pas d'alcool, ni de tabac, ni de bal le samedi soir, ni le reste, vous vous en sentez la force ?

Émile fit un signe d'acquiescement, en souriant ; cela lui paraissait aller de soi. Comment se serait-il rendu compte, au printemps de 1947, de l'énergie qu'il faudrait dépenser pendant tant d'années pour que les tribulations de huit petits gars de l'Indre deviennent l'affaire Mis et Thiennot et s'inscrivent dans les mémoires ?

Émile sortit de prison le 5 avril 1947, il était très faible, marchait avec deux cannes. Le 12 avril, à la reconstitution, quand le gendarme Moulin le vit arriver clopin-clopant, il lui lança, rogue :

— Qu'est-ce que tu fais là ? T'es pas convoqué.

Émile s'entêta :

— Je veux y aller.

Charles Robin, un des patrons de la porcelaine à St-Genou, l'accompagnait ; grand, de l'allure, de l'autorité, il regarda Moulin. Alors l'inventeur de la prière des juifs dit à Émile :

— Passe ! — Il ajouta, vachard : De toute façon, comme t'es là, t'en as plus pour longtemps.

Cette reconstitution fut un simulacre. À l'étang Nuret, le juge fit noter : « L'état des lieux a quelque peu changé. » On asséchait l'étang, la chaussée était bouleversée. Il n'y eut que Niceron pour s'y reconnaître ; Niceron et les gendarmes qui indiquèrent au milieu de tous ces éboulis « l'endroit exact où il a été moulé une empreinte de sabot ferré appartenant à Gabriel Thiennot ». Et Gabriel de s'indigner :

— Mais je n'ai jamais eu de sabots ferrés, moi !

Pierre Duché demanda ensuite à chaque inculpé de crier : « Je t'emmerde ! » pendant qu'à cinq cents mètres de là, de l'autre côté de l'étang, il prêtait l'oreille. Comme son greffier, comme Lardeau et Me Ferrandon qui se tenaient auprès de lui, le juge entendit « très distinctement les voix et les phrases... cette expérience démontrait d'une manière indiscutable la véracité de la déposition du témoin Brunet ». Le bruit des voix leur est peut-être parvenu, pas les phrases, en tout cas, puisque Me Ferrandon avait dit à ses clients de crier : « Vous êtes des menteurs. » Mais pourquoi n'a-t-il fait aucune remarque sur la rédaction de ce procès-verbal ?

Niceron put ensuite évoluer dans le champ derrière la Blinerie comme l'entendaient les enquêteurs, le juge et Béthune. Christian Grosjean, seul, contredisait. Au moment où il fut question des deux coups de fusil de Raymond Mis sur le garde, Me Ferrandon, qui était chasseur et lieutenant de louveterie, proposa :

— À cette distance... (près de vingt mètres)... je veux bien m'habiller de la même façon que le garde et qu'on me tire dessus.

L'intervention ne profita qu'à Daraud ; il exigera du docteur Bougarel une rature de plus sur son rapport d'autopsie afin de raccourcir la distance des premiers coups de feu.

Me Anne-Marie Ferrière interpella Niceron :

— Comment était-il habillé le garde et qu'est-ce qu'il a fait quand on lui a tiré dessus ?

Et Niceron, après des hésitations et quelques grimaces :

— Il... il a crié... ça oui... il a crié quelque chose... Il avait son fusil en bandoulière, il était coiffé d'une casquette et sa plaque de garde, il l'avait au bras.

Christian Grosjean hochait la tête, ricaneur, écœuré. Lors de la confrontation devant

Haulon, Niceron avait vu la plaque sur la poitrine. Mais pourquoi aurait-il protesté, lui, Christian, alors que les avocats se taisaient !

La presse régionale du 13 avril, toujours unanime, manifestait sa déception : la reconstitution n'avait apporté aucun élément nouveau. Et ces accusés qui continuaient à nier malgré des charges accablantes, dont le témoignage de Niceron, voilà ce que le rédacteur de *La Marseillaise* en écrivait :

« ... La lumière que la justice exige sera-t-elle jamais faite et les meurtriers enfin dévoilés indubitablement ?

« Les individus sur la tête de qui un tel crime appelle un châtiment exemplaire, en viendront-ils eux-mêmes à libérer leur conscience ?

« Il apparaît que ce soit là la seule façon d'obtenir l'absolue certitude d'une ou de plusieurs culpabilités. »

Comme Béthune l'avait prévu, les trois journaux privilégiaient dans leurs colonnes la version du crime qu'il avait eu tant de mal à apprendre à Niceron.

Le 15 avril, un détective privé, Raoul Englumen, faisait une déclaration à la presse. Ex-inspecteur principal de police judiciaire à Orléans, mis à la retraite d'office, par le gouvernement de Vichy, Englumen disait avoir enquêté sur l'affaire, à la demande des familles Chauvet, Mis, Thiennot, Chichery et Thibault. Parmi les « remarques troublantes » de Raoul Englumen figurait celle-ci, à propos de Niceron :

« J'affirme sur l'honneur que si j'avais été enquêteur, comme je l'ai été durant vingt-trois ans, ce n'est pas un seul témoin "ignorant" de ce genre qui m'aurait incité à le prendre au sérieux et qui plus est à présenter des jeunes gens au parquet, sous cette grave inculpation. »

Englumen rapportait que Niceron avait dit, vers le mois de mars, à un coiffeur de Mézières, M. Gallet, chez qui il était allé se faire raser :

— On m'embête avec tout ça, je ne connais rien du tout.

Commentaire d'Englumen : « J'ai eu la certitude, au cours de mes différents passages à Mézières, qu'un grand nombre de personnes étaient convaincues que Niceron, de par ses dires, avait fait commettre une erreur judiciaire. En allant au fond des choses, beaucoup de gens affirment que ce témoin, ne sachant pas distinguer le bien du mal, a dû être influencé. »

À propos du crime, Englumen déclarait : « Il est dit, depuis bientôt deux mois, que l'assassin est encore en liberté et qu'il demeure à quatre kilomètres de Mézières. La mère

Thiennot, dont le fils est inculpé d'assassinat, a reçu la visite d'une autre femme, laquelle lui a tenu les propos suivants : "Ne pleurez pas, votre fils viendra bientôt, l'assassin, on le connaît. Il demeure à quatre kilomètres d'ici..." » Englumen ne nomma pas Désiré Brunet parce que telle n'était pas sa mission.

Le 17 avril, un communiqué paraissait dans tous les journaux :

« Les défenseurs de Thiennot et de Mis, le bâtonnier Benga et Me Anne-Marie Ferrière nous prient de préciser qu'ils n'ont pas abdiqué leur mission de défenseurs et n'ont pas fait appel au concours d'un détective privé.

« Respectueux de la dignité et des règles de leur profession, ils protestent énergiquement contre l'association de leur nom à l'orchestration extra-judiciaire de cette affaire. »

Le juge Pierre Duché, qui connaissait le contenu du rapport Englumen depuis le début d'avril, en était, lui, à rédiger l'essentiel du réquisitoire définitif. Ce texte sera prêt le 12 mai 1947, une cinquantaine de lignes. Et l'on pensait, au parquet, que c'était bien suffisant.

IV

Quand on annonça à Raymond Mis et à Gabriel Thiennot que leur procès s'ouvrirait le 24 juin devant la cour d'assises de l'Indre, ils exultèrent ; et le personnel pénitentiaire, du directeur aux gardiens, partagea leur allégresse. Dans le monde carcéral, on ne croit pas à l'innocence, que l'on soit détenu ou maton, grand patron de la taule ou aumônier ; on n'y croit pas jusqu'au jour où des innocents, comme les huit de l'affaire, sont emprisonnés. Les autres flairent alors l'insolite, ressentent ces présences nouvelles, comme des corps étrangers.

Pour Maurice Rougeron, le gardien-chef, l'affaire fut claire dès que le 8 janvier il eut assisté, auprès de M. Villemont, à l'arrivée du convoi de Mézières, rue Paul-Louis-Courier. Rougeron avait des années de carrière et puis, c'était quelqu'un, un destin, un rayonnement. « Le père Rougeron », comme l'appelle son fils Daniel, avait été confié, dès ses trois ans, à l'Assistance publique, avec son frère et sa sœur, par suite de dissensions familiales. Après une enfance à la dure chez des paysans de la Nièvre, il fut happé par la guerre, à dix-sept ans ; il était de 1899. Il partit à l'automne 1916, fut affecté, au début, au transport des chevaux, à Brest, puis envoyé en première ligne comme agent de liaison dans l'artillerie, avant de se retrouver dans un régiment de Malgaches. En 1918, un obus lui arracha une omoplate. Croix de guerre, médaille militaire, il était peu bavard sur cette Grande Guerre qui lui avait pris son frère aîné, tué aux Dardanelles. Il entra dans l'administration pénitentiaire, sans cacher ses opinions : il militait au parti communiste. Vu sa taille et son abattage, on l'enrôlait comme garde du corps dans les réunions électorales.

Dès 1940, il eut des contacts avec la Résistance. À l'intérieur de la prison de Châteauroux, il passait les lettres, cachait certains en les faisant admettre à l'infirmerie, avertissait les maquis des coups de main possibles et prenait les empreintes des serrures en vue d'évasions. Ses activités lui valurent d'être déplacé à Eysse, la plus sinistre des centrales. Le docteur Gadaud intervint et Maurice Rougeron réintégra la prison de Châteauroux. Il recevra plusieurs blâmes, dont un pour son rôle, de concert avec Villemont et que nous allons voir, dans l'affaire Mis et Thiennot. On lui décernera quand même, peu après, la médaille de la pénitentiaire.

Le 24 juin, vers les 13 heures, Maurice Rougeron conduisit lui-même Raymond et Gabriel par le passage souterrain jusqu'à la salle des assises. Il le connaissait bien, ce chemin, mais c'était la première fois qu'il le parcourait d'un pas léger, avec ces deux garçons, impatients et joyeux, qui s'attendaient à l'acquittement, puisqu'ils étaient innocents, puisqu'il y avait des juges. Rougeron y croyait, lui aussi, comme les six autres de l'affaire et leurs familles. Me Anne-Marie Ferrière l'avait dit :

— Demain soir on sabrera le champagne !

Et pourtant, ils n'avaient aucune chance ; que l'on objecte telle ou telle raison, non, ils n'avaient aucune chance. Un exemple. Parmi les arguments que la défense crut décisifs et qu'elle se devait de brandir, il y avait l'argent versé, le 4 janvier, par Jean Lebaudy à la police et à la gendarmerie ; cela se retourna, à coup sûr, contre les accusés.

Dans l'esprit d'un juré et d'un juré de l'Indre de 1947, qu'un homme de l'importance de Jean Lebaudy se soit permis un tel geste, revêtait le caractère d'une preuve irréfutable, non d'une prime douteuse ; surtout si un président d'assises et ses deux assesseurs en touchaient quelques mots aux sept juges populaires pendant les suspensions d'audience et en délibérant. Un juré, il faut le rappeler, est un individu qu'on isole, soudain, dont des magistrats s'emparent, qui le persuadent de sa singularité, lui font croire qu'il est hors du commun ; et il s'en convainc d'autant plus volontiers qu'il n'en mène pas large au milieu de ces messieurs de la justice.

Deux des jurés de l'Indre, qui condamnèrent Raymond et Gabriel, se sont trahis d'un mot ; l'un, cousin d'Émile et de Gervais Thibault, leur a dit : « Il fallait absolument les condamner » ; l'autre, un négociant en grains de Lothiers, écouta Pierre Gréard, président du comité de soutien Mis et Thiennot, lui démontrer les invraisemblances de l'enquête et remarqua ensuite : « Je les aurais bien crus coupables, pourtant. » Les jurés, à cette époque, étaient choisis sur les listes électorales par les notables.

Les deux jurés que nous venons d'évoquer, comme les cinq autres qui seront tirés au sort, arrivèrent le 24 juin 1947, au palais de justice de Châteauroux, en connaissant de l'affaire ce que la presse de l'Indre leur avait appris depuis le début. *La Nouvelle République* ou *Centre-Presse* ou *La Marseillaise,* le journal communiste, ne cachaient pas leur hostilité aux accusés.

Quelques représentants de la presse parisienne, « la grande presse », couvraient ce procès qu'on leur avait présenté comme celui d'un drame paysan. Ils étaient venus sans entrain, à cause de Me Garçon, peut-être. Ils ne l'aimaient guère, mais c'était Me Garçon, un des plus grands de son temps et de ces soixante dernières années, un des plus soucieux d'efficacité, aussi.

En mai-juin 1943, alors qu'il était déjà célèbre et venait d'être élu à l'Académie française, il défendit aux assises de la Dordogne, à Périgueux, Henri Girard, qui se fera connaître, en 1950, sous le pseudonyme de Georges Arnaud, auteur du *Salaire de la peur.* À l'ouverture du procès de Périgueux, le 27 mai 1943, nul ne doutait de la culpabilité de Girard et le public, cannibale dans ces cas-là, espérait entendre prononcer une condamnation à mort : la peine capitale fut requise, en effet.

Henri Girard était accusé d'avoir, le 25 octobre 1941, dans la propriété familiale, assassiné à coups de serpe son père Georges Girard, sa tante Amélie Girard et la bonne, Louise Soudeix. Après trois jours de garde à vue au cours desquels il n'avait rien avoué, on l'inculpa, vu les présomptions, comme toujours « accablantes » et on l'incarcéra, le 28 octobre 1941. Il attendit dix-neuf mois d'être jugé, mais à l'inverse de Raymond, de Gabriel et de leurs six compagnons, Henri Girard, grâce à la pugnacité de ses avocats, Mes Abel Lacombe, André Constant et Maurice Garçon, eut droit à une instruction méticuleuse. Le procès s'ouvrit le 27 mai et Maurice Garçon domina d'un bout à l'autre les six jours de débats. Sa plaidoirie dura deux heures, il fut dévastateur, fascinant. Le jury délibéra dix minutes pour acquitter.

Maurice Garçon, dans son exorde, avait appris au jury que Georges Girard, l'une des victimes, était de ses familiers :

« Ses amis et moi ne savions rien de précis, sinon qu'on accusait son fils de l'avoir frappé et nous demeurions confondus, ne pouvant croire à tant d'horreur.

« Après quelques semaines, un message m'est parvenu de la prison de Périgueux. Henri Girard m'appelait au secours et vous imaginez mon trouble en connaissant mon incertitude.

« Quel ami oserait défendre le meurtrier de son ami ? Mais aussi quel devoir impérieux m'obligeait à user de toutes mes forces pour sauver un fils, si Henri Girard, victime d'une abominable erreur, était injustement accusé ? Pendant des jours et des jours j'ai vécu des heures douloureuses. »

Roger Martin, biographe de Georges Arnaud-Henri Girard [1], a pu prendre connaissance d'une lettre privée de Maurice Garçon

1. *Georges Arnaud, Vie d'un rebelle,* Roger Martin, Calmann-Lévy, 1993.

à M. Jules Basdevant à qui il expose son dilemme : « ... J'ai hésité depuis dix-huit mois et j'ai voulu connaître le dossier en son entier et dans son dernier état avant de prendre une décision. C'est chose faite aujourd'hui. J'ai la conviction que nous rôdons autour d'une épouvantable erreur et je n'en dors plus, cette affaire donne le cauchemar(d) *(sic)*. »

En 1950, le troisième procès Mis et Thiennot se termina le 5 juillet aux assises de la Gironde, à Bordeaux, par la condamnation des accusés à quinze ans de travaux forcés. Le 16 décembre suivant, Maurice Garçon écrivait un long article dans *Samedi Soir* où l'on pouvait lire : « Il devient quasi rituel que des individus qui comparaissent devant les tribunaux se voient opposer des aveux qu'ils ont passés au cours de l'information et qu'ils rétractent en affirmant qu'ils ont été extorqués par contrainte physique ou morale...

« ... La justice ne gagne ni en respect ni en autorité à voir contester si continuellement les méthodes qu'elle emploie pour parvenir à la vérité et l'on a le droit de s'émouvoir et de douter de la légitimité de beaucoup de condamnations prononcées dans de pareilles conditions... »

En 1954 enfin, Me Maurice Garçon triompha à Perpignan, en obtenant à l'arraché l'acquittement de Marguerite Marty, après six jours d'audience, 15-20 janvier. Marguerite Marty était accusée d'avoir empoisonné sa cousine, Jeanne Candela. L'affaire était très complexe.

Le Tout-Perpignan voulait la peau de celle qu'on appelait « la demoiselle de Dorres » (Dorres était son village), parce que son avocat avait osé accuser les policiers de sévices graves et le parquet de complicité. Cet avocat, le jeune bâtonnier Christian Talairach, fut mis, aussitôt, à l'index par les gens bien, mais il avait obtenu du procureur de la République un examen médical de Marguerite Marty, épuisée par cinq jours d'interrogatoire. Il était noté dans le rapport du médecin que la prévenue présentait des ecchymoses nombreuses, ressentait des douleurs au cuir chevelu, à l'abdomen, portait des traces de violences et de coups sur les seins ; et elle n'en pouvait plus.

Sur les conseils du bâtonnier Talairach, Marguerite Marty désigna comme second avocat Maurice Garçon. Les parties civiles avaient choisi, ce qui n'était pas rien, non plus, Mes Émile Pollack et René Floriot. La rivalité Garçon-Floriot tourna, il faut le dire, à l'avantage du premier, dans la plupart des procès où ils eurent à s'affronter. Floriot reconnaissait, parfois et en privé, que Garçon était le seul qui l'impressionnait. À Perpignan, les débats furent âpres, cruels même. Floriot perdit pied. Garçon, dans ce dossier d'une intrigue que personne ne démêlait, n'avait qu'un point fort : les sévices. Il sut s'en servir, tout au long des débats et dans une plaidoirie qui sera citée souvent comme modèle [1] :

« Alors on a lâché la meute. Ils partirent quatre de Montpellier pour aller l'arrêter. Elle est malade. Elle le leur dit. Ça ne fait rien. On la tient. Cette fois, on ne la lâchera plus !...

« ... Cela dure des jours, des nuits. Et tout ce qui se passe en ces locaux de police, le parquet de Perpignan le sait. Il sait tout ce qui se passe et comment cela se passe.

« ... Le juge d'instruction, lui, que faisait-il ? Lorsque finalement les policiers lui ont amené cette femme épuisée, que fait-il ? Il prend la relève. Il continue sur la lancée avec de nouveaux interrogatoires et il les poursuit jusqu'à l'évanouissement de ce "témoin". Pis ! Il fait réanimer Mlle Marguerite Marty et il continue encore. Ah oui ! vraiment tout a été fait pour anéantir cette malheureuse. »

Plus loin, Me Maurice Garçon insistait sur cette duplicité des fonctionnaires de l'Ordre et de la Loi qui ressort dans toutes les affaires, Marty, Mis et Thiennot et tant d'autres, où la justice n'est plus qu'une entreprise criminelle :

« Oh ! je ne crois pas à la volonté délibérée de méchanceté de la part de ceux qui ont pris

1. Les extraits que nous en donnons proviennent de *L'Accusée, 45 ans de justice en France, 1945-1990*, Jean-Marc Théolleyre, Robert Laffont, 1991.

la responsabilité de tout cela, de ceux qui ont fait tout cela, comme de tous ceux qui, sciemment, ont accepté que cela fût fait et dans quel but. Mais il faut croire — et là très fortement — à leur volonté de ne plus rechercher la vérité pour ne chercher qu'à consolider une erreur que l'on ne peut plus aujourd'hui ne pas reconnaître et proclamer telle sans se déconsidérer. »

Et Me Garçon s'écria, à la fin de sa péroraison :

— Défendez-vous, messieurs les jurés des Pyrénées-Orientales, contre le complot que votre jugement ne doit pas couvrir. Rendre la justice, ce n'est pas la liquider et liquider avec elle, terminer coûte que coûte et n'importe comment des dossiers et des procès. Vous voterez « non » tous et vite !

Le 20 janvier 1954, les jurés acquittèrent Marguerite Marty après soixante-quinze minutes de délibération. En sortant du palais de justice, un des jurés lança :

— On ne s'est pas laissé faire !

Ces quelques aspects de l'avocat d'exception, et qui se voulait humaniste autant qu'intransigeant sur les droits de la défense, donnent à réfléchir quand on le voit, le 24 juin 1947, à Châteauroux, partie civile pour la veuve Boistard. Le grand bourgeois, épris de littérature, attiré par la sorcellerie et adepte du spiritisme, s'en fichait bien que le dossier fût vide de preuves et l'affaire abondante, au contraire, en atrocités et en mensonges. On le lui avait assez dit, il fallait en finir avec ces galeux. Eh bien, qu'à cela ne tienne ! Thiennot, le petit communiste et Mis l'émigré alcoolique, il les écrabouillerait, puisqu'on l'en priait. Maurice Garçon côtoyait, certes, Jean Giraudoux, Louis Jouvet, Paul Morand, dans les dîners en ville, mais il s'employait aussi à ménager de vieilles et fructueuses relations d'affaires, tels les Lebaudy ; cela faisait partie de sa carrière.

Voilà pourquoi, le 24 juin 1947, en début d'après-midi et par une chaleur caniculaire, Me Garçon emplissait déjà de sa présence la salle comble des assises de l'Indre, où l'on jacassait en le regardant. On l'a comparé à un vautour, à cause de sa silhouette filiforme dans la robe noire ; il en agitait les manches comme deux grandes ailes, tant il était long de bras, de mains. Il se coiffait avec une raie au milieu, son visage était fin, le nez court, la bouche large. Du haut de sa hauteur, il traitait le monde avec beaucoup de morgue. La voix, flûtée, presque bêlante, savait s'enfler, s'encolérer ou bien, familière, imiter les intonations de tout un chacun quand il s'étonne, prend à témoin, énonce des vérités premières. Combien de jurés à qui Garçon venait d'en mettre plein la vue grâce à cet effet le plus élémentaire qui consiste à les interpeller en lançant : « Nous le savons bien, messieurs... » Combien de jurés se sont dit : « Si lui, ce grand avocat, ce grand homme, pense comme moi, pourquoi pas ?... » Pierrette, la seule à avoir assisté à tous les procès de l'affaire, me dira :

— Me Garçon ! Il avait l'air de tout envelopper avec ses bras comme des couleuvres !

Face à ce monstre, qui saura les dévorer en temps opportun, ils étaient trois défenseurs : Mes Benga, Anne-Marie Ferrière et Charlet, du barreau de Limoges. L'absence de Me Ferrandon s'expliquait par ses difficultés avec le conseil de l'ordre à cause de l'affaire des frères Chauvet et de Niceron, mais pourquoi Me Charlet ? Anne-Marie Ferrière s'était opposée à la venue de Floriot. Émile Thibault, depuis sa sortie de prison, le 5 avril, avait cherché sur Paris des appuis pour contrebalancer l'influence de Lebaudy. Quelqu'un avait pris contact avec Floriot, très favorable. Anne-Marie Ferrière s'était alors scandalisée, lui faire ça à elle, la pénaliste réputée de Châteauroux ! Et on n'en avait plus parlé. Mais une huitaine de jours avant l'ouverture du procès, elle avait appelé à la rescousse son confrère Charlet, considéré comme le grand avocat du centre de la France.

Le conseiller Petit, président de ces assises, ouvrit l'audience, le 24 juin, à 14 h 10. Il avait pour assesseurs MM. Fruchon et Prat-Rousseau, juges du siège. L'accusation était soutenue par l'avocat général Benoît-Cattin. Après la formation du jury, le président Petit passa à l'interrogatoire des accusés. Seul le journaliste de *La Marseillaise* en donna une description :

« Thiennot, proprement vêtu d'un costume bleu marine, d'une chemise claire sur qui ressort une cravate jaune à fleurs bleues, soigneusement peigné, est tout différent de celui que nous avons connu lors de l'enquête dans les landes marécageuses de la Brenne. Mis Raymond, un peu pâle dans un costume gris, les cheveux plaqués, conserve l'air un peu timide d'un élève qui va subir l'oral. »

Il était plus de 15 heures et l'audience sera suspendue à 19 h 40. Le lendemain, elle reprendra à 9 h 30 jusqu'à midi puis de 14 heures à 19 heures. Le reste du temps sera réservé au réquisitoire et aux plaidoiries. Douze heures environ pour entendre plus de soixante témoins, cela représentait, dans la chaleur, dans la confusion, un procès en accéléré. Le président Petit mit cependant plus de deux heures à arriver à la chasse du 29 décembre après-midi dans le bois Jacques des Bœufs. Il dit alors :

— Et c'est à ce moment que vous avez rencontré le garde Boistard...

Thiennot aussitôt :

— Nous n'avons jamais vu le garde Boistard.

Le président Petit remarqua :

— Vous avez cependant reconnu cette rencontre avec le garde de M. Lebaudy et même la réponse et les menaces de Thibault, un de vos compagnons de chasse.

Thiennot dit, très fort :

— J'ai reconnu parce que j'ai été battu par les policiers !

Il se produisit dans la salle un mouvement, comme d'un réveil général. Raymond et Gabriel s'exaspéraient à mesure que le président les pressait, leur opposant le témoignage de Brunet et puis celui de Niceron.

Raymond s'écria :

— Tout cela est faux ! La reconstitution du crime, mais c'est les policiers ! Ils l'ont montée de toutes pièces.

Et Gabriel, rageur, lui aussi :

— On a reconnu, on a signé les dépositions, on a signé des croquis, ça oui ! Mais parce qu'on nous battait ! parce qu'on nous menaçait ! — Il poursuivit de plus en plus énervé : Quand on répondait oui, on était frappé, quand on répondait non aussi. Alors on ne savait plus quoi dire...

Raymond reprit, avec véhémence :

— Je n'ai jamais été emmené sur les lieux, sauf le jour de la reconstitution.

— Et moi, ajouta Gabriel, on m'y a conduit de force.

Le président les laissa se monter l'un l'autre avant de répliquer :

— Vous avez cependant renouvelé vos aveux devant le juge d'instruction.

— J'avais peur qu'on me remette aux policiers, répondit Thiennot.

À quel juré l'aurait-il fait croire ? Surtout qu'à la défense, aucun des avocats ne se manifesta, à ce moment-là, pour préciser que ce renouvellement des aveux, en admettant qu'il se soit produit, était intervenu le 8 janvier, à Mézières-en-Brenne, dans une sorte d'hallucination collective.

Raymond Mis non plus ne pouvait convaincre lorsqu'il répondit : « C'est faux ! » au président qui lui demandait : « Est-il exact que Thiennot vous a conseillé d'avouer ? »

Le journaliste de *La Marseillaise,* comme l'ensemble de ses confrères, les croyait coupables et il écrivit : « Ainsi à toutes les questions tendant à prouver leur culpabilité, Thiennot et Mis répondront "C'est faux" alléguant sans cesse la contrainte qu'ils auraient subie. »

Le premier des témoins à charge fut appelé ; c'était le commissaire Daraud. Il paraissait sûr de lui et fit un rapport complet de l'enquête sur le ton de quelqu'un qui était très satisfait de son travail. Me Charlet essaya de le mettre en difficulté à propos de la montre du garde.

— Vous avez supposé, dit l'avocat, qu'elle s'était arrêtée à 17 h 5 et pourquoi pas à 5 h 5 ?

Daraud invoqua l'heure qu'avait retenue le rapport d'autopsie et Me Charlet remarqua que le docteur Bougarel, pour fixer cette heure, s'était appuyé sur les dires du commissaire. La montre, on s'en souvient, était un point crucial du dossier, mais les défenseurs ne poseront aucune question là-dessus à Moulin, Plisson et Lardeau quand ils seront à la barre. C'était pourtant les deux premiers qui avaient rédigé et le troisième supervisé ce rapport où il est écrit, rappelons-le : « ... une montre dont les aiguilles marquent 5 h 5. Cette montre ouverte par nos soins s'est remise à fonctionner après avoir été remontée. Elle continue à fonctionner normalement. Cette montre s'est arrêtée d'elle-même. »

Les défenseurs se contentèrent d'effets d'audience qui mirent le public en émoi ; mais le jury n'est pas le public. Me Charlet, par exemple, émoustilla la salle en rappelant que l'empreinte de galoche relevée à l'étang des Saules ne correspondait ni aux chaussures de Mis, ni à celles de Thiennot et il dit à Daraud :

— Vous avez oublié de vérifier si cette empreinte n'était pas celle de la galoche d'une personne résidant non loin des lieux du crime et qu'on n'a pas interrogée...

Après cette première allusion à Désiré Brunet (comme si aux assises on procédait par allusion !), Me Charlet se fit plus direct quand le gendarme Gaston Moulin témoigna.

— Avez-vous inspecté la ferme de Prends garde à toi ? Avez-vous examiné les chaussures et le fusil de Brunet ?

Au banc de la partie civile, Me Garçon, à ce moment, affectait d'être absorbé par ses travaux de dessin — c'était un de ses trucs — et le président Petit semblait pressé. Moulin comprit qu'il ne risquait rien et dit, bien lourd, bien insolent :

— Nous l'avons interrogé et Brunet a fait des dépositions.

Me Anne-Marie Ferrière provoqua les « Ah ! » et les « Oh ! » du public quand elle demanda à Daraud combien la police et la gendarmerie avaient touché « en guise de récompense ». Le commissaire répondit sans hésitation ni gêne :

— M. Lebaudy, pour récompenser la police et la gendarmerie de leur activité, a versé cent mille francs qui ont été partagés de la manière suivante : cinquante mille francs pour la gendarmerie, cinquante mille pour la police. Ces sommes ont d'ailleurs été versées aux œuvres sociales.

Anne-Marie Ferrière révéla alors que le commissaire Daraud et son chef, le commissaire divisionnaire Tardieu, des chasseurs, tous les deux, avaient reçu chacun un labrador, en provenance des chenils de Jean Lebaudy. Daraud se cabra :

— Quel rapport cela a-t-il avec l'affaire ?

Me Garçon, pour le coup, abandonna ses griffonnages et se dressa. Il dit, hautain et selon son habitude, sans un regard pour l'adversaire :

— Le commissaire Daraud est un parfait honnête homme. A-t-il oui ou non suborné un témoin ? Non, alors cette histoire n'a aucun intérêt. Et puisqu'il est fait allusion à la subornation de témoin, je déclare tout de suite que nous en reparlerons. Mais nous aurons le dernier mot.

Après ces escarmouches, ce fut le président Petit qui lança, comme à regret, un débat qu'il savait inévitable. Il dit à Daraud, tout en désignant d'une main lasse les accusés :

— Ces garçons prétendent avoir été frappés...

Et Daraud impassible, souriant presque :

— Pas à ma connaissance.

Il était près de 18 heures. La séance de mensonge systématique à laquelle se livrèrent, ce soir-là, policiers et gendarmes, durera jusqu'à la suspension de 19 h 40. Ils emploieront la même méthode, le lendemain après-midi, quand les six autres de l'affaire les mettront en cause. Le 2 octobre suivant, au tribunal correctionnel de Le Blanc qui jugeait « les complices » de Mis et Thiennot, la clique des tortionnaires, Daraud en tête, niera avec le même culot ; la présence parmi les défenseurs d'un nouvel avocat, Me André Le Troquer, personnage de la politique et du barreau, n'y changera rien. Les jurés des assises de la Vienne, à Poitiers, en 1948, ceux des assises de la Gironde, à Bordeaux, en 1950, seront eux aussi les objets de cette démonstration de mépris.

Nous avons dit : mépris. Les policiers, les gendarmes et, à l'occasion, les magistrats ne se sentent tenus à aucune obligation de probité vis-à-vis de ceux qui ne sont pas des leurs ; ils s'arrogent un droit à l'abus de confiance dès qu'il s'agit de se couvrir ou de couvrir certains d'entre eux quand ils ont commis des fautes graves à plus forte raison les tortures de Mézières-en-Brenne, un crime.

L'esprit de corps !

Il joua à fond, l'esprit de corps, le 24 juin 1947, aux assises de l'Indre, vers 18 heures, quand le président Petit eut demandé à Daraud ce qu'il en était de cette histoire de sévices.

Daraud s'en tint à ce qu'il avait dit, assura au président qu'on n'avait usé d'aucune contrainte contre les accusés avant de proclamer :

— Depuis dix-sept ans que j'exerce ce métier, je n'ai jamais frappé...

Un rire énorme, méchant, jaillit du public. C'est une masse psychique en fusion, la foule des assises, dans des affaires comme celle-là.

Autour de la barre des témoins, une espèce de quadrille s'esquissait et le président Petit n'en était pas le maître. Soudain, il y eut Maurice Vidal qui pontifiait, racontait en prenant son temps comment il avait obtenu les aveux de Thiennot :

— Il s'est montré réticent pendant deux heures environ. Mais je lui ai lu les aveux de Grosjean et de Niceron et il a fini par me dire la vérité. Il est resté longtemps arrogant, je tiens à le préciser.

René Tardieu, le commissaire divisionnaire, rejoignit Vidal :

— Je m'étais absenté un moment et à mon retour, Thiennot qui était assis à côté de l'inspecteur Vidal s'est précipité vers moi, m'a pris à bras-le-corps et s'est mis à pleurer sur mon épaule.

Gabriel Thiennot alors les surprit, il donna de la voix dans le box, en faisant de grands gestes :

— Je n'ai pas dit la vérité aux inspecteurs ! Quand ils m'ont lu les dépositions de Grosjean et de Niceron, ils m'ont forcé à dire oui...

Vidal l'interrompit :

— Et moi, est-ce que je vous ai forcé ? est-ce que je vous ai frappé ? Regardez-moi bien dans les yeux.

Thiennot, tout à ce qu'il disait :

— L'inspecteur Vidal ne m'a pas frappé. Il m'a conseillé de dire la vérité en me donnant un tas de bonnes raisons. Au bout de deux ou trois heures, j'ai fini par lui dire : « Ce que vous me dites, c'est vrai » mais jamais je ne me suis jeté au cou du commissaire Tardieu, jamais !

Tardieu :

— Je suis formel. Et c'était en présence du maréchal des logis-chef Lardeau.

Vidal :

— C'est exact, absolument !

Lardeau :

— J'étais bien présent et les choses se sont passées ainsi.

Tardieu poussa alors son avantage :

— Thiennot a donné une paire de gifles à Raymond Mis et lui a dit, comme à tous ses camarades d'ailleurs : « Vous pouvez avouer puisque moi qui ai fait le coup j'ai avoué. »

Raymond fit non, non, de la tête. La foule réprouvait, insultait, on aurait dit une déferlante, venue du fond du prétoire.

Thiennot s'accrocha :

— Je n'ai pas donné de gifles et c'est faux que je leur ai dit d'avouer, faux, faux !

Tardieu :

— Je suis formel, j'ai entendu ces paroles.

Vidal :

— Ces faits sont exacts, absolument.

Le lieutenant Nicaud confirmera, et Daraud ensuite, que le président avait rappelé à la barre. Thiennot s'exclama à propos du commissaire :

— Quel menteur, celui-là ! Il aurait avalé une vache et la queue lui sortirait par la bouche qu'il nierait encore !

Les rires succédèrent aux invectives. Pas pour longtemps. Daraud disait, catégorique :

— Thiennot a dit : « Je regrette ce que j'ai fait, ce que je ne veux pas c'est avoir la tête coupée. » — On entendit des huées, il poursuivit : Ces paroles ont été prononcées deux fois en présence du chef Lardeau.

Et Lardeau réapparaissant confirma malgré les protestations de Thiennot. Avec Raymond Mis, ils se livrèrent au même jeu de rôles, de masques. Daraud ne cédait pas à Raymond, il répétait : « Il est faux, absolument faux que Mis ait été battu. » Et Raymond, somnambulique, réussit enfin, oh ! rien qu'un peu, à lever le voile sur ce que personne, les défenseurs comme les autres, ne voulait connaître, ne voulait entendre :

— ... J'ai été battu dans la chambre haute, déshabillé et sur la tringle, à genoux ! les bras tendus !... et aussi il fallait courir à quatre pattes tout nu et ils donnaient des coups de pied, ils me lançaient des seaux d'eau !...

Raymond apercevant l'inspecteur Maurice Parot :

— Hein que c'est vrai ?

Parot, effaré :

— Mais je... je n'ai jamais donné de coups à l'inculpé, jamais... jamais vu qui que ce soit lui donner des coups !...

Alors Raymond, mauvais :

— Et la prière des juifs, alors !

Gabriel s'écria :

— Des méthodes de Gestapo !

Il apostropha Moulin, Lardeau, Daraud, sous les applaudissements. Maurice Garçon, excédé, et peut-être l'était-il pour de bon, dit au président, sur le ton de la remontrance :

— Monsieur le président, n'est-il pas anormal que des inculpés posent eux-mêmes des questions aux témoins ?

La Nouvelle République écrira : « ... on s'est demandé très souvent si l'on faisait le procès de deux braconniers criminels ou si ces derniers ne faisaient pas tout simplement devant un auditoire complaisant le procès de la police judiciaire de Limoges. »

Dès avant 9 h 30, le 25 juin, Me Garçon semblait marquer un territoire dans la salle des assises. Il occupait une position, c'est-à-dire la barre des témoins et ses abords. Rien que sa promenade circulaire à petits pas, sa longue silhouette noire et son air de méditer un traquenard étaient déjà, à eux seuls, tout un spectacle. Le public appréciait qui était, dans la touffeur de juin, aussi bruissant, aussi grouillant qu'un essaim d'abeilles sauvages.

La cour et les jurés entrèrent, Mis et Thiennot prirent place dans le box ; Me Garçon n'y prêta pas plus attention qu'à la présence de ses confrères de la défense. On appela le témoin Niceron. Il entra, la peur au ventre, se dirigea vers cette grande ombre dominatrice qui l'attendait là-bas et dont il devina qu'elle le protégerait, lui soufflerait son texte, au cas où il aurait un trou de mémoire. Mais tout se passa bien pour Niceron, il put débiter son boniment, le bois Jacques des Bœufs, la scène du crime, etc., jusqu'au dernier mensonge :

— Le lundi matin, Raymond Mis est venu me trouver et il m'a dit : « Si tu parles, je te casse la gueule. » C'est pour ça que je n'ai rien dit au début. J'avais peur.

Dans la salle réservée aux témoins à charge, Henri Béthune pouvait respirer ; « le garçon simple, mais sincère » comme l'appellera *La Nouvelle République* du 27 juin, avait récité sa leçon sans une défaillance. Maurice Garçon, qui était resté à proximité de Niceron pendant toute la déposition, s'adressa au conseiller Petit :

— Monsieur le président, pourriez-vous demander au témoin en quelle compagnie il passa sa soirée du 30 janvier...

Dans la salle, les murmures cessèrent : qu'est-ce que cela voulait dire ?

Le président, compère docile de l'avocat, eut un geste d'invite et dit à Niceron :

— Vous avez entendu ? Eh bien, racontez-nous ce qui s'est passé le 30 janvier.

Alors, dans un silence que troublaient par moments des murmures où l'on sentait de la consternation, du doute, Niceron se lança dans une version bien à lui de son équipée avec les frères Chauvet et le chauffeur de taxi de Buzançais, Henri Lecreux :

— ... J'ai dit à Chauvet : « Oui, j'ai tout vu j'étais auprès de la vigne à Mis. » Alors Chauvet m'a pris au bras et il m'a secoué. Il m'a dit : « Qu'est-ce que tu dis ! dis donc comme les autres, dis donc que c'est pas vrai. » Je l'ai redit encore que c'était vrai, mais Chauvet a insisté : « Moi je te dis que c'est pas vrai. » Puisqu'il me forçait, j'ai dit : « J'en ai assez, il faut que ça finisse, je vais dire comme les autres. » Chauvet m'a dit : « T'as qu'à dire que t'as été battu toi aussi par les inspecteurs. » Il m'a demandé si le brigadier m'avait battu, je lui ai répondu que non. Il m'a dit alors : « Tu sais tu peux le dire, s'il t'a battu tu n'as qu'à me le dire, moi je le fais sauter. » Et puis Chauvet m'a dit : « Il faut que tu viennes tout de suite, si tu ne viens pas, il y en aura d'autres qui viendront te chercher... »

Et Niceron ajouta :

— Je les ai suivis puisqu'il y en avait d'autres qui devaient venir me chercher.

Me Garçon restait debout, à quelques pas ; il croisait les bras, l'air absent. À la défense, on avait le nez dans les dossiers : les faits étaient incontestables, même si Niceron, remonté par Béthune et par l'inspecteur Maurice Parot avant l'audience, chargeait Georges Chauvet. Ce dernier lui aurait assuré, pendant qu'ils roulaient vers Châteauroux dans le taxi d'Henri Lecreux, que les premiers inspecteurs étaient arrêtés. C'était de Parot, cette fantaisie. Mais Georges Chauvet aurait dit aussi : « C'est peut-être bien le métayer à M. Lebaudy qui a tué le garde, il vaut pas bien, celui-là. » Désiré Brunet ne fut pas le seul que Niceron se refusa à nommer, si bien qu'entre le gendarme qui était monté dans le taxi à Châteauroux, un premier inconnu qui avait téléphoné à un autre inconnu chez qui l'on se rendit pour signer une déclaration « comme tous les autres », le public somnolait, las de tant de mystères, surtout par cette chaleur ! Me Garçon le réveilla. Il s'était tourné vers les jurés :

— Nous avons bien vu hier, messieurs, que les accusés avaient préparé la salle. Mais comme je vous l'avais annoncé, il y avait plus scandaleux encore, c'est cette subornation de témoin que l'on vient de vous dire !

La défense flottait : le coup était très dur, imparable, mais il fallait faire quelque chose, sauver la face.

Me Charlet se dévoua :

— Je proteste contre cette déclaration, contre de pareils procédés. Je demande à la cour de prendre acte de la déposition, car elle dépasse singulièrement le cadre de ce procès et met en cause la probité du barreau.

Me Garçon était retourné s'asseoir à sa place. Le menton dans sa grande main, il suivait les embarras de Me Charlet d'un regard en dessous, amusé. Niceron fut donc obligé de répéter tout le passage de son histoire où il mettait en cause des « inconnus » et dut citer les noms de Mes Ferrandon et Mardelle.

Le lendemain, *La Marseillaise* faisait paraître l'article qui va suivre. Il était signé Robert Monestier, un grand résistant, authentique celui-là, cofondateur du journal dans la clandestinité, avec Roger Caillaut, qui relancera l'affaire Mis et Thiennot, en 1952 et 1954. Mais voici l'article de Monestier intitulé : « Des hommes de loi ont-ils provoqué un faux témoignage ? »

« Tout Châteauroux parlait hier des débats de la cour d'assises. Les privilégiés qui s'entassaient dans la salle, la foule qui resta devant le palais jusqu'au petit matin, les clients des restaurants et des cafés, les passants dans la rue n'avaient qu'un seul sujet de conversation : le crime de Mézières-en-Brenne. Il n'était question que de la victime, des accusés, des témoins et de Me Maurice Garçon qui, indiscutablement, fit figure de vedette dans ce procès.

« Les débats étaient abondamment commentés et l'on rit beaucoup de l'affirmation d'un commissaire qui déclara le plus sérieusement du monde que depuis dix-sept ans qu'il était dans la police il n'avait jamais levé la main sur personne. Pour peu, il aurait affirmé qu'il ignorait ce qu'était un passage à tabac.

« Dans les couloirs du palais où n'avaient accès que les gens de robe, les policiers, les journalistes et les resquilleurs, les conversations portaient toutes sur l'incroyable affaire de subornation de témoin et sur les responsabilités encourues par Mes Ferrandon et Mardelle si la preuve peut être faite.

« Certes dans les milieux du palais de justice on connaissait déjà cette affaire, mais tout le monde était convaincu qu'à l'exemple de tant d'autres elle serait étouffée. Un avocat de Châteauroux, allié à une toute-puissante famille, se trouvait donc dans de mauvais draps. Personne n'avait l'audace de supposer que le conseil de l'ordre, d'une part, la justice tout court, de l'autre, demanderaient des comptes. Aussi quel chabanais lorsque, au cours des débats, un gaffeur mit les pieds dans le plat et porta l'affaire au grand jour.

« Les faits seraient terriblement précis : faux policiers, faux magistrats auraient enlevé un témoin et par l'intimidation, la mise en scène, auraient obtenu un faux témoignage. Certes nous comprenons que la famille du jeune chasseur qui se trouvait mêlé à cette affaire ait tout tenté pour éviter la condamnation. C'est un réflexe bien humain, bien excusable pour un père.

« Mais que penser d'un avocat, d'un huissier qui auraient accepté d'être tout au moins les acteurs de cette malhonnête comédie ?

« Pour eux cette affaire devient crapuleuse puisqu'elle n'a d'autre but que de gagner de l'argent. Froidement, sans précipitation, des hommes de loi ont accepté de participer sinon inspiré une action malhonnête. Ils connaissaient les lois et savaient à quoi ils s'exposaient. Ils ont perdu la partie. S'il y a une justice, ils doivent rendre des comptes, non seulement devant leurs pairs du conseil de l'ordre des avocats ou de la chambre syndicale des huissiers, mais aussi devant la justice tout court, si justice républicaine, il y a.

« Robert Monestier. »

Cet article parut après le verdict et ne put influencer personne au cours de la délibération, mais pendant que le greffier consignait le passage de la déclaration de Niceron visant Mes Ferrandon et Mardelle, le désarroi que ce témoignage avait provoqué se remarquait dans une partie du public.

Me Charlet, cependant, s'appliqua à faire son métier. Il chercha à mettre Niceron en difficulté sur ce qu'il aurait pu voir de la prétendue scène du crime, sur les distances. Mais Me Garçon veillait et l'avocat de Limoges, qui avait eu peu de jours pour étudier le dossier, fut vite à court de questions. Il demanda, pour réussir une sortie :

— Vous avez vu le garde ? À quoi l'avez-vous reconnu ?

Niceron, comme traversé par une idée :

— À... à sa plaque !

Alors, Me Charlet :

— Erreur ! Il n'en portait pas !

Ce succès sans conséquence satisfaisait le public, malgré tout. Me Garçon était allé à la table des pièces à conviction et fouinait. Il se retourna soudain, tout en joie et dit à Me Charlet :

— Mon cher confrère, vous vous êtes engagé dans une voie dangereuse. La plaque, la voilà !

On appela le témoin suivant, Désiré Brunet. Il était livide, il chancelait, prêt à s'évanouir, mais Maurice Garçon le prit en charge ; tout juste s'il ne lui donnait pas le bras. Il se mit près de lui à la barre et expliqua :

— Monsieur Brunet, vous le voyez, messieurs les jurés, est un homme rude et simple de nos campagnes. Comprenons ses craintes devant cette assemblée tumultueuse, devant la solennité de votre justice. Ne lui en voulons pas s'il a la parole difficile.

Brunet parvint, non sans angoisse, au bout de son faux témoignage : la discussion entre Boistard et les chasseurs au bois Jacques des Bœufs, le bref « Je t'emmerde », inaudible, même s'il avait été prononcé, dans les brumes du 29 décembre 1946.

Me Benga hasarda une question :

— Le témoin a-t-il vu les accusés ?

Brunet fit non et le président n'attendit pas davantage pour lui signifier qu'il pouvait disposer.

La mère de Désiré Brunet, dit Abel, dit Bello, habitait Sainte-Gemme, le premier village de la Brenne quand on arrive du Boischaut-Sud et de Saint-Genou, après avoir traversé la nationale 143. On l'appelait « la mère Zou », Mme Brunet mère, parce qu'elle était incapable d'articuler « Je » et émettait à la place un phonème qui ressemblait à « Zou ». Avant le procès de Châteauroux, les gens la taquinaient :

— Mère Zou, il faudra qu'il fasse bien attention au procès, le Bello — à Sainte-Gemme on appelait Désiré Brunet par ce diminutif — qu'il dise pas de bêtises, le Bello !

Et Mme Brunet mère gloussait puis :

— Ça risque pas ! M'sieu Lebaudy il lui a ben dit ce qui fallait qui dise !

Et tout le monde s'esclaffait...

Sur la fin de l'audience du matin, Henri Béthune témoigna. Il ne changea pas un mot de ce qu'il avait toujours soutenu, à savoir que dès la nuit du 29 au 30 décembre, après l'arrivée alarmée de Louise Boistard au Blizon, ses soupçons s'étaient portés sur Gabriel Thiennot, Raymond Mis et la bande des chasseurs. Il ajouta que l'enquête lui avait donné raison ; le président Petit tendant le cou et se croisant les mains sous le menton dans l'attitude de quelqu'un qui attendait une communication d'importance, Henri Béthune poursuivit :

— Au début de janvier, pendant que les policiers et les gendarmes interrogeaient les meurtriers du garde Boistard à la mairie de Mézières-en-Brenne, je passais un jour dans le couloir de cette mairie et j'ai entendu Thiennot qui criait à Mis : « Dis-le, avoue, moi je l'ai dit. » Mis lui répondit : « Tu es un menteur ! » Il refusa de dire la vérité. Ensuite, j'ai entendu et là, très nettement, Thiennot qui s'exclamait en reprenant la phrase de Mis : « Je suis un menteur ! » Et j'ai compris qu'à ce moment-là, il se précipitait sur Mis pour le gifler. Je suis parti et c'est le lendemain que j'ai appris les aveux de Mis.

Béthune se tut, le silence s'installa, il reprit :

— Je connais Thiennot et sa famille depuis mon arrivée en 1940. Je n'ai jamais eu personnellement à me plaindre de Thiennot, mais je le crois violent, emporté.

Cette gifle, même si Raymond l'a reçue, ne prouve rien d'autre qu'un état de peur et un degré de souffrance chez Gabriel, proche de l'aliénation. Et cela, la défense aurait pu en faire la remarque au moment où le président Petit appela à la barre, en vertu de son pouvoir discrétionnaire, Roger Pilet, un journaliste de vingt-quatre ans. Il représentait *La Nouvelle*

République, à Mézières-en-Brenne, pendant l'enquête et se trouvait dans la mairie au moment de la scène de la gifle. Roger Pilet témoigna donc : il avait vu — affirma-t-il — Gabriel se précipiter sur Raymond et lui envoyer une baffe. Les défenseurs laissèrent passer Roger Pilet, comme ils s'étaient inclinés devant les déclarations de Béthune.

Le conseiller Petit suspendit à l'heure du déjeuner. L'audience, reprise à 14 heures, se mit à ressembler à un défilé de gens agités, que l'on apercevait comme à travers une vapeur d'eau bouillante et qui lançaient au plus vite quelques paroles pas toujours compréhensibles, avant de s'éclipser. Un effet de la chaleur torride, sans doute, mais aussi de la volonté du président qui expédiait les témoins les uns après les autres.

Un groupe de détenus, d'abord, à qui on avait dû promettre quelques faveurs déclarèrent, dont un sourd, avoir entendu Mis à son arrivée à la prison de Châteauroux ; il répétait qu'il avait tiré sur le garde et que Thiennot l'avait achevé. Mais les juges d'instruction Haulon ou Duché avaient choisi à l'aveuglette leurs « moutons » ; certains furent honnêtes.

Robert Aubret, vingt et un ans : « Mis a dit : "On m'a fait déclarer par la contrainte que j'étais l'auteur du meurtre du garde Boistard et j'ai signé ma déclaration, mais je n'y suis pour rien !" Les camarades de Mis, Gervais

Thibault, Jean Blanchet et Bernard Chauvet, qui étaient détenus avec moi, ont dit plusieurs fois qu'ils n'étaient pour rien dans l'affaire. »

Jean Labat, vingt-cinq ans : « Mis a été placé, je précise, dans la cellule qui se trouve juste contre l'atelier. Une fois que le gardien l'a eu enfermé, Mis a crié à l'intention de ses camarades : "Ne dites rien que la vérité, toute la vérité !" »

Michel Baumer, vingt-deux ans : « Des camarades m'ont raconté que Mis lorsqu'il est arrivé leur a dit qu'il avait été battu. Un détenu, Philippeau, je crois bien, nous a raconté que Mis portait de nombreuses traces de coups au visage. Quant aux autres, inculpés avec Mis, ils nous ont dit que l'un des chasseurs avait avoué, les autres avaient été obligés de dire comme lui, mais ils ont ajouté qu'ils étaient innocents. »

Quand vint le tour des témoins à décharge, le président ne se contrôla plus. Il faisait prêter serment, laissait dire quelques mots et c'était tout. Guy Mis affirma qu'au cours de son interrogatoire, le gendarme Moulin lui avait piqué les fesses à coups d'épingle. Moulin se dressa dans la salle, protesta, mais on appelait déjà un autre témoin. Christian Grosjean eut juste le temps de clamer : « Mes camarades sont innocents et si je les ai accusés un moment, c'est que le commissaire Daraud m'a battu. » Charles Cosson, armurier à Mézières-en-Brenne, parla du fusil de Raymond Mis : cette arme était irréparable, il lui manquait le percuteur du côté droit et elle ne pouvait tirer qu'un coup. Le président regarda M. Cosson, puis :

— La cour vous remercie, appelez le témoin suivant, monsieur l'huissier...

C'était Maurice Rougeron, il commença :

— À l'arrivée des prisonniers de Mézières-en-Brenne, le 8 janvier au soir, nous nous sommes inquiétés avec M. Villemont, dans quel état on les avait mis !...

— Oui, oui, interrompit le président, les accusés ont parlé de ces coups. Mais serait-ce pas plutôt vous et vos subordonnés qui les auriez frappés ?

Le public conspua le conseiller Petit et il s'en moquait ; il congédia Rougeron, interloqué. Villemont, après lui, ne fut pas traité avec plus d'égards.

Le président se serait bien dispensé d'entendre les six autres suppliciés de Mézières, mais la loi l'obligeait à faire au moins semblant de leur prêter attention. Et à mesure que Gervais Thibault puis Blanchet puis Chichery et Bernard Chauvet, Stanislas Mis, Émile Thibault, enfin, dénonçaient les sévices, le président rappelait les policiers et les gendarmes qui se tenaient dans la salle, prêts, comme la veille, à toutes les effronteries, à toutes les impostures. Il y eut à nouveau beaucoup de monde et d'effervescence autour de la barre. François Krück, le beau-frère de Jacob Mis, empêtré malgré un interprète dans sa déposition, finit par désigner de la main Maurice Vidal. Le président fit l'étonné :

— Ce policier vous aurait frappé ?

Me Benga confirma que le mari de Julia, la vaillante, avait porté plainte et fourni un certificat médical constatant ses blessures.

Le docteur Gadaud fut appelé. Les accusés attendaient beaucoup de sa déposition et les tortionnaires le virent s'avancer sans plaisir. On ne pouvait bâillonner le docteur Gadaud comme on avait arraché la feuille du registre d'écrou du 8 janvier. Le conseiller Petit s'adressa au praticien, président du conseil départemental de l'ordre des médecins, avec déférence :

— À la demande de M. Villemont, surveillant-chef à la prison de Châteauroux, dont vous êtes le médecin en fonction, vous vous êtes déplacé, le 8 janvier au soir, afin de donner des soins à tous ces prévenus, ceux du box, Gabriel Thiennot et Raymond Mis, et ceux que nous venons d'entendre.

Le docteur Gadaud ne le laissa pas continuer :

— Monsieur le président, dans cette affaire, je m'estime tenu par le secret professionnel. Disons que les accusés portaient quelques traces de coups...

La Nouvelle République écrira, le 27 juin à propos des six compagnons de Raymond et Gabriel : « Ils ne sont pas très beaux ces témoins puisque tous ou presque ont été extraits de prison pour la circonstance. Ce sont des amis de cellule de Thiennot et de Mis, ce sont les membres de la bande Thiennot-Mis, complices qui attendent l'heure de passer devant le tribunal correctionnel et qui avec un ensemble évidemment parfait viendront affirmer l'innocence de Thiennot et de Mis et mettre leurs aveux sur le compte des brutalités policières.

« Le seul élément consistant qu'on puisse retirer de ces affirmations passionnées et discutables est que certains des braconniers, auteurs ou complices du crime de Saint-Michel-en-Brenne, ont reçu quelques gifles. Mais le docteur Gadaud de Châteauroux viendra dire combien tout cela est bénin... »

L'audience fut suspendue à 19 heures. L'un des derniers témoins à décharge fut Roland Chauvet, l'enfant de troupe de quatorze ans, qui avait suivi son cousin Bernard et le groupe des chasseurs, toute la journée du 29 décembre. Il confirma qu'il ne s'était rien passé de particulier au cours de cette chasse et que nul n'avait vu le garde Boistard. Mais qui écouta Roland Chauvet ?

Le président annonça, avant de se retirer avec la cour et les jurés, que l'audience reprendrait à 21 heures pour se poursuivre dans la nuit jusqu'à la délibération.

À 21 heures précises, Me Garçon s'avança dans le prétoire. Il plaidera, comme souvent, en se déplaçant, avec lenteur, mais en s'adressant toujours aux jurés, à la cour :

— C'est une affaire simple que nous avons devant nous. Je suis venu ici assister mon ami et confrère Patureau-Mirand, car on nous avait promis une affaire riche de surprises. Et c'est parce que j'ai le même souci que vous de ne pas voir une erreur judiciaire se commettre, que je suis venu. C'est un grand crime que vous aurez à juger.

Maurice Garçon portraitura alors la victime ; une image d'Épinal ce Boistard, petit orphelin, bon époux, bon père, etc., avec ce trait forcé exprès :

— Le chef du maquis Carol affirme que Boistard a témoigné un mépris absolu du danger dans une région infestée d'ennemis.

Puis il passa aux circonstances : « Il y a des témoins qui ont entendu une altercation... » Et il reprit le récit des quatre faux témoins : Désiré Brunet, André Thiennot, Paul Naudet, Albert Niceron. Une histoire très palpitante et terrible, si on la racontait à la manière de Maurice Garçon, comme au coin du feu.

Ensuite, il haussa les épaules :

— Toute l'histoire des violences qui auraient motivé des aveux a été inventée après coup. Parce qu'ils sont circonstanciés, ces aveux — et il en fit quelques lectures.

Puis il tendit ses longs bras vers les jurés :

— Je vous en supplie, écoutez-moi, vous n'en avez pas peu besoin pour bien comprendre et bien juger.

« La torture peut faire dire à des gens des choses qui ne sont pas vraies et faire condamner des innocents. C'est exact. Mais si toutes les circonstances, les faits concordent après l'aveu, alors vous avez la certitude de la culpabilité.

« Mis et Thiennot ont conduit les enquêteurs sur les lieux mêmes du crime, les ont guidés dans la reconstitution. N'est-ce pas une preuve ? Nous connaissons par eux et par leurs camarades tous les détails de l'affaire. »

Et Me Garçon en arriva à la montre du garde :

— Elle est une preuve irréfutable. Ils ont tué le garde vers 16 h 45 et le cadavre a été jeté une première fois dans l'eau et les joncs à 17 h 5. Cette montre témoin muet est une preuve dernière.

« Vous n'avez pas à avoir les scrupules que l'on voudrait faire naître en vous. La preuve est faite. Ces hommes ont tué Boistard. Quant aux rétractations des camarades de Mis et Thiennot, elles n'ont d'autre but que d'éviter les poursuites.

« Et puis souvenez-vous de ces manœuvres, de ces pressions que j'ai dévoilées devant vous et qui tendaient à détourner le cours de la justice.

« J'accuse ces deux hommes d'avoir assassiné misérablement un garde-chasse honorable. Vous devez châtier les coupables, vous les condamnerez avec la sévérité qui s'impose. »

L'avocat général Benoît-Cattin s'appuya sur les aveux et en fit une lecture très habile. Au moment de requérir, il dit :

— Dans une affaire comme celle-ci, je me dis, si j'étais à la place des jurés que ferais-je ? L'acte commis par ces hommes mérite le châtiment suprême, mais je ne m'oppose pas aux circonstances atténuantes, en raison de l'âge des inculpés qui ne sont pas encore majeurs.

Il était plus de 23 heures, Me Benga s'interrogea sur le mobile :

— L'intérêt ? La vengeance ? Allons donc ! Chacun sait qu'il n'en est rien. Pourquoi ces deux jeunes gens honorablement connus seraient-ils devenus subitement des assassins ? Il n'y a aucune preuve, vous ne pouvez pas condamner !

Me Anne-Marie Ferrière eut cette phrase :

— Nous n'avons pas à attendre la réhabilitation, c'est de vous, messieurs les jurés, que nous attendons la consécration de l'innocence de ceux qui sont aujourd'hui au banc d'infamie.

Quand la parole fut donnée à Me Charlet, il était plus de minuit. Aucun journal ne rendit compte de sa plaidoirie. *La Marseillaise* écrivit : « Après une magnifique plaidoirie de Me Charlet, la cour et le jury se retirent pour délibérer à 2 h 20. »

Tous ceux qui assistèrent au procès, les accusés eux-mêmes, sont d'accord : « Magnifique ! » Mais encore ?... Me Charlet réussit un exploit, c'est certain. Sa connaissance du dossier, qu'Anne-Marie Ferrière lui avait communiqué depuis moins d'une semaine, était insuffisante et il lui aurait été impossible de démolir l'accusation, pièce par pièce. Me Garçon, en outre, avec l'aide efficace du président Petit, avait tenu et sans doute convaincu les jurés. Que restait-il à Me Charlet ? L'émotion. Et il sut la créer, l'émotion, l'émotion inattendue et forte d'autant plus, qui fait bouger un juré, deux jurés et alors, la conviction change. C'est très rare, mais cela s'est vu. Vers la fin de la plaidoirie de Charlet, qui dura plus de deux heures, Maurice Garçon subodora, et il avait le nez creux, qu'une chance, infime peut-être, mais une chance d'acquittement réapparaissait. Quand son confrère, la bave aux lèvres, paraît-il, eut conclu, il demanda, fait inhabituel, à user de son droit de réplique. Il fut bref, Me Charlet reprit la parole, une dernière fois, mais la tension était retombée.

À 2 h 20 donc, la cour se retira. Après une délibération d'une heure vingt, l'audience fut reprise. Le président Petit lut l'arrêt : Mis et Thiennot étaient condamnés à quinze ans de travaux forcés et dix ans d'interdiction de séjour. La foule vociféra, invectiva les jurés. En audience civile, la veuve Boistard obtint quatre cent mille francs de dommages et intérêts, cent mille francs pour elle, cent cinquante mille francs pour chacune de ses filles. Les parents des accusés étaient déclarés civilement responsables.

Me Garçon sortit du prétoire et passa à la conciergerie du palais où il s'écria, en dégrafant sa robe :

— J'ai eu chaud !

Quelqu'un lui fit Chut ! et lui désigna une femme étendue qu'un groupe essayait de ranimer :

— C'est Mme Thiennot, la mère du condamné.

Me Garçon s'en alla ; cette affaire, pour lui, était terminée. Il avait, à ce moment-là, toutes les raisons de le croire.

TROISIÈME PARTIE

LES FAUSSES ESPÉRANCES

I

Émile Thibault fut reçu pour la première fois chez M. Patin, dans sa maison de Sceaux, en février 1948. Maurice Patin était alors conseiller à la Cour de cassation où il sera nommé président de la chambre criminelle. Il écouta le jeune Thibault pendant plus de deux heures, selon Émile, lui posa des questions et lui promit, à la fin de l'entretien, de faire « tout le possible ». Ç'aurait pu n'être qu'une formule, mais cette rencontre avait été préparée de longue main, une dame de la bonne ou de la haute société (comme on voudra) accompagnait Émile Thibault et Maurice Patin, en accueillant ce garçon de vingt-six ans qui débarquait du Berry avec une sale affaire sur les bras, obéissait à un impératif social, professionnel ou autre.

À entendre Émile quand il parle de ses visites à Sceaux, c'était plus qu'un haut magistrat qu'il allait voir, c'était un Juste. Maurice Patin, comme tous ses collègues, lorsqu'ils s'élèvent dans la hiérarchie, était un tenant du pouvoir judiciaire, un nostalgique des parlements de l'Ancien Régime et d'un gouvernement des juges. Et si certains se rappellent encore son autorité, il en est peu qui gardent le souvenir de sa mansuétude. Le président Patin estima devoir agir pour des raisons qui dépassaient l'affaire Mis et Thiennot ; et puis voilà !

Le 20 mai 1948, l'arrêt de la cour d'assises de l'Indre était cassé. Émile Thibault apprit la nouvelle par télégramme. Il se rendit à la prison de Châteauroux afin d'avertir Raymond et Gabriel. Dans le centre de la ville, il bavardait avec des connaissances quand il aperçut, de l'autre côté de la rue, le juge Baldit, du tribunal de Châteauroux, qui, à son tour, le vit et traversa pour venir à lui. Émile remarqua :

— Aujourd'hui, vous me tendez la main, monsieur le juge, mais en octobre, au Blanc, vous m'avez bien condamné quand même à deux ans de prison.

— Vous ne pouvez pas savoir ce que j'ai fait pour vous, Thibault, répondit Baldit. De toute façon, on vous aurait condamné. Mais dites-moi, je viens d'apprendre la décision de la Cour de cassation et cela, savez-vous, pose un gros problème de droit. Mis et Thiennot peuvent fort bien être acquittés à leur prochain procès et vous et vos compagnons jugés au Blanc vous resteriez néanmoins condamnés. Quelle histoire !

Quelle histoire, en effet. Le 2 octobre 1947, les six « complices » de Mis et Thiennot avaient comparu devant le tribunal correctionnel de Le Blanc. Le juge Baldit, avec le juge suppléant Giraud, étaient les assesseurs du président Pujol. L'audience fut encore plus mouvementée que celle des assises de l'Indre, une foire ! Elle dura toute la journée, toute la soirée et se termina à 1 heure du matin sur la plaidoirie d'André Le Troquer. Émile Thibault, au cours de sa quête parisienne, avait attaché à sa cause et à celle de son frère Gervais cet homme politique en vue, moyennant des honoraires en rapport avec la réputation du personnage.

Au moment où il entrait dans l'affaire Mis et Thiennot en proclamant devant les juges de Le Blanc qu'au-delà des accusés qu'il savait innocents, il se battait contre l'erreur judiciaire, André Le Troquer avait cinquante-trois ans, un passé de gloire et des ambitions très précises. Il avait perdu le bras droit à la guerre de 14-18 qu'il termina lieutenant de chasseurs à pied après avoir été mobilisé, jeune avocat, comme soldat de deuxième classe. En 1919 et jusqu'en 1936, Le Troquer, conseiller municipal de Paris toujours réélu, était regardé au barreau comme l'avocat de gauche, par excellence. Le Front populaire le porta à la députation et en juin 1940, il fut de la minorité socialiste qui se prononça contre l'armistice et contre Pétain. En 1942, il dénonça le « coup d'État de Vichy », au procès de Riom où il était l'avocat de Léon Blum. Président du comité exécutif du parti socialiste sous l'Occupation, il fut recherché par la Gestapo, passa en Angleterre puis à Alger où le Conseil national de la résistance le désigna pour siéger à l'Assemblée consultative. Il devint par la suite délégué à l'administration des territoires libérés et le 25 août 1944, entra dans Paris et défila au côté du général de Gaulle. Une photo qu'on a vue, en 1994, sur tous les panonceaux publicitaires le montre à droite du général tandis qu'à gauche il y a Georges Bidault. Après la Libération, André Le Troquer siégea à l'Assemblée consultative, dans les deux constituantes, fut réélu député de Paris, le 10 novembre 1946. Ministre de l'Intérieur puis de la Défense nationale, il fut élu président de l'Assemblée nationale, le 2 janvier 1956. Il succédait au perchoir à Édouard Herriot, qui ne l'aimait pas beaucoup et l'appelait le « manchot qui touche des deux mains ». André Le Troquer se refusera à participer à la Ve République, se retirera entre les deux tours aux législatives de novembre 1958. Après l'affaire dite des « ballets roses », il renonça à la vie politique. Il mourut en 1963.

Émile Thibault avait choisi ce nom de l'époque, avocat d'une belle éloquence mais qui, en ces années 1947-1950, visait déjà le perchoir et ne pouvait tout faire. L'abbé Bréhamet, ancien aumônier des prisons, aumônier national des gueules cassées en témoignera, en 1992. Il était convaincu de l'innocence de Gabriel Thiennot et avait été reçu trois fois par Le Troquer. « ... il m'a répété à chaque fois qu'il partageait ma conviction. Il disait ne rien pouvoir faire pour le prouver, qu'il avait des contraintes de carrière car il ambitionnait de monter sur le perchoir. Par contre, une fois acquise cette position, il a obtenu à plusieurs reprises des grâces en faveur de Thiennot. »

Revenons au tribunal de Le Blanc qui condamna le 13 octobre 1947, pour le délit d'« abstention volontaire d'empêcher un fait qualifié crime », Stanislas Mis, Bernard Chauvet et Émile Thibault à deux ans de prison, André Chichery, Gervais Thibault et Jean Blanchet à dix-huit mois de prison. Nous précisons tout cela afin d'expliquer une situation curieuse. Émile Thibault avait été mis en liberté provisoire, pour raisons médicales, le 5 avril 1947 ; il ne retournera en prison que le 7 novembre 1951 pour purger sa peine alors que les cinq autres condamnés de Le Blanc, dont son frère Gervais, seront sortis après avoir accompli les trois quarts de la leur, à la prison de Bourges. Par conséquent, Émile mena son action en solitaire, avec, toutefois, l'aide morale et le soutien pécuniaire des siens ; et c'était beaucoup.

En mai 1948, il eut à retourner à la villa de Sceaux, dans les jours qui suivirent sa conversation avec le juge Baldit et sa visite à la prison de Châteauroux. Maurice Patin lui soumit une liste des cours d'assises devant lesquelles on pouvait renvoyer l'affaire et le laissa libre de choisir. Émile s'y revoit : « J'ai eu à me décider entre Orléans, Tours, Bourges, Limoges et Poitiers. J'ai écarté d'emblée Limoges parce que j'ai tout de suite pensé aux flics et j'ai fini par dire Poitiers "si c'est possible, monsieur le président". »

« On va essayer de bien faire », répondit Patin, qui ne pouvait ignorer, lui, président de la chambre criminelle de la Cour de cassation, qu'à Poitiers, Garçon obtiendrait ce qu'il voudrait ; son père, juriste de renommée internationale, avait été recteur de la faculté de droit, lui-même venait souvent en villégiature à Ligugé où la famille possédait une demeure, Monplaisir. Les Garçon étaient impopulaires tant à Ligugé, pays ouvrier, qu'à Poitiers où une bourgeoisie perplexe faisait mine de prendre pour un renégat cet avocat académicien qui avait accès au Tout-Paris mais qui, en Poitou, se permettait d'aller chercher des amis à la gare, en pyjama et un coutelas à la ceinture. Les Garçon conservaient cependant de l'influence, exerçaient toujours une emprise sur le milieu judiciaire. Ceux qui assistèrent tant bien que mal au procès des 1er et 2 décembre 1948 se souviennent :

— On sentait dans ce palais de justice que Garçon, ici, était chez lui, c'était inimaginable !

Le conseiller Hugues, président des assises, avait pris la précaution de composer son parterre : ses invités et eux seuls entraient dans la salle. Les passagers du car spécial, que la régie du Blizon avait loué pour la veuve Boistard et son clan, furent priés par les gardes et les huissiers de s'installer aux places assises. Et l'on refoula les voyageurs de l'autre car, affrété par le fils aîné des Thibault.

Il n'avait pas arrêté, Émile, depuis sa sortie de la prison de Châteauroux, le 5 avril 1947. Sur Paris, on a vu les entrées qu'il s'était ménagées auprès de Patin et de Le Troquer ; en Brenne, il avait trouvé de nouveaux témoins. Il faillit même être reçu au Blizon. Son ami Charles Robin, le porcelainier de Saint-Genou, qui ne connaissait pas Lebaudy, décrocha son téléphone et obtint un rendez-vous. À l'arrivée au château de M. et Mme Robin, suivis d'Émile, un majordome les introduisit dans un petit salon. L'attente ne fut pas très longue. Henri Béthune entra, se dirigea vers un guéridon, parut fouiller dans un tas de journaux, ressortit. Le majordome revint annoncer aux visiteurs que M. Jean Lebaudy avait déjà quitté le château.

En septembre 1948, Émile retourna au Blizon avec Harry Gray, un grand reporter de *Détective* qu'il avait su intéresser à l'affaire. Gray, qui en avait vu d'autres, voulut tenter le coup chez Lebaudy. Une fois dans l'allée qui menait au Blizon, Émile arrêta la voiture, Harry Gray et son photographe Paul Buisson partirent à pied pour le château. Quelques minutes plus tard, Béthune, comme sorti des bois, passa près de la voiture, regarda à l'intérieur et se dirigea lui aussi vers le Blizon. Harry Gray et Paul Buisson battirent bientôt en retraite. On venait de leur dire, après les avoir fait patienter, que, désolé ! M. Jean Lebaudy était parti à l'instant pour sa promenade à cheval.

Harry Gray publia deux articles ; le premier dans *Détective* du 19 octobre 1948 s'intitulait « La preuve n'est pas faite » et exposait l'affaire ; le second, dans *Détective* du 22 novembre, portait comme titre « Ils sont innocents ! » Mais Émile Thibault, s'il attirait à Saint-Genou les journalistes et les orientait, comptait aussi sur sa propre plume ; il écrivait partout, une correspondance de ministre. Il avait, sur Châteauroux, une secrétaire bénévole, Pierrette, déjà citée, une jeune dactylo dont nous reparlerons ; Raymond Mis m'a dit, l'été dernier : « Pierrette, c'est une sainte ! »

Elle avait dix-huit ans, Pierrette, lors du procès de Poitiers et elle piétina dans la salle des pas perdus du palais comme tous ceux du car de Saint-Genou dont le conseiller Hugues ne voulait pas comme spectateurs de sa justice ; comme tous les autres de Châteauroux, du Boischaut-Sud, de la Brenne, venus par leurs propres moyens. Ils étaient bien deux cents et plus de deux cents, comme ils seront deux cents et plus de deux cents, pour honorer la mémoire de Gervais Thibault, le 15 mai 1994, devant la mairie de Mézières-en-Brenne ; nous le verrons à la fin de ce livre.

Tous ces Berrichons, qui s'identifiaient à l'affaire, arrivèrent à Poitiers, le 1er décembre, dans une atmosphère d'émeute. Les étudiants, ceux de la faculté de droit formant le gros de la troupe, manifestaient depuis le matin aux cris de « Mis et Thiennot, acquittés ! ». L'après-midi ils prirent d'assaut les abords de la salle des assises. Maurice Garçon fut hué. Comment des sifflets ou un chahut auraient-ils pu impressionner cet homme d'un talent immense, nous l'avons vu, d'une présence à laquelle peu résistaient, mais qui faisait penser aussi à un monstre froid ?

Le 1er décembre 1948, aux assises de la Vienne, Mis et Thiennot s'assirent dans le box où, en 1952, Marie Besnard s'installera, à son tour, pour le premier de ses trois procès avant son acquittement à Bordeaux en 1961. Elle comparut devant le président Favart, un magistrat équitable, qui menait son audience avec doigté et respectait les accusés.

Raymond et Gabriel, eux, n'avaient rien à espérer du président Hugues, assisté de MM. Dorre et Cazals. Le témoignage d'une de ses voisines, de 1951 à 1954, et qu'un autre témoignage confirme, permet de se faire une idée de la justice que pouvait rendre un Hugues. Il avait de la fortune, possédait une maison de grande valeur à Poitiers, des domaines dans toute la région. Mais c'était un avare et un méchant, écrit le témoin. Parce qu'il était un notable, l'Assistance publique lui confiait des jeunes filles qui lui servaient de bonnes. Tous les matins, il leur coupait leur ration de pain. Il les traitait en esclaves, leur interdisait toute sortie. Quand sa femme partait sur leurs terres, il enfermait ces domestiques miséreuses, de peur qu'elles aient des contacts avec le voisinage. Un jour, l'une d'elles escalada un mur et tomba dans le jardin d'à côté. Elle eut une crise de nerfs ; elle vivait dans l'épouvante et le raconta. Elle refusait de retourner chez Hugues.

Le témoin, voisine de Hugues, demanda conseil à un ancien avocat, qui vivait dans le quartier et il voulut bien l'accompagner chez le directeur de l'Assistance publique. Ce dernier savait ce qui se passait chez Hugues ; il alla chercher la jeune évadée, glissa un mot sous la porte du conseiller, à qui l'on n'envoya plus jamais de personnel.

Pas un magistrat ne fréquentait Hugues. Il avait échappé, de justesse, à des poursuites dans une affaire de mouillage de lait, dissimulation de stocks, faux en écritures, dont s'étaient rendus coupables des gros propriétaires. Hugues avait étouffé l'affaire contre quelques avantages. Elle fut jugée, néanmoins, mais l'on s'arrangea pour la renvoyer sur Limoges.

Voilà qui présidait le procès Mis et Thiennot ; procès dont *Le Libre-Poitou* écrivait : « On a l'impression que des intérêts dépassant singulièrement les personnes assez falotes des accusés aussi bien que de la victime sont en jeu. » De même Pierre Scize, du *Figaro,* considéré par beaucoup comme l'un des grands de la chronique judiciaire : « Qu'est-ce donc qui pèse sur ce prétoire ? Tout se passe comme si on y était assiégé par des influences invisibles. » Il écrira, à propos de l'audience du 2 décembre et des avocats : « Un même acharnement anime les deux adversaires. Me Maurice Garçon a des détentes fulgurantes, M^e^ Le Troquer met un entêtement breton à servir ses clients. Celui-ci est plus brutal, celui-là plus fin. »

Le conseiller Hugues sut réduire les débats à un duel oratoire entre avocats célèbres. Et les deux témoins qu'Émile Thibault avait réussi à faire citer passèrent inaperçus. Le détective privé Englumen put, pour la première fois, développer certains points de son enquête :

— Pour quelles raisons, n'a-t-on conduit au parquet de Châteauroux tous ces jeunes gens qu'à la date du 8 janvier, date du mandat de dépôt ? Les garder à vue durant vingt-quatre heures eût été chose normale et régulière. Les conserver illégalement durant une semaine est un acte qui prête à toutes les critiques.

À propos de la prime de cent mille francs de Jean Lebaudy, Englumen précisa :

— Il arrive quelquefois que des primes de ce genre, moins élevées cependant, sont offertes aux enquêteurs pour les remercier en fin d'enquête, au résultat obtenu. Je dois faire remarquer que dons ou primes ne sont jamais touchés avant la fin des investigations. Cette méthode a une raison majeure... Les jeunes gens écroués ont été inculpés d'assassinat et de complicité. Mais si des éléments nouveaux étaient venus, il y a quelque temps ou viennent ces temps prochains aux enquêteurs et que ces éléments démontrent l'innocence de ces derniers, quel rôle les bénéficiaires de la prime tiendront-ils ? L'indépendance de l'enquêteur dans ces conditions est bien limitée.

Englumen revint ensuite sur « les bruits et rumeurs » selon lesquels l'assassin demeurait à quatre kilomètres de Mézières. Au moment de cette audience de Poitiers, les rumeurs étaient devenues certitudes. Désiré Brunet que certains, dont André Bourbonnais, désignaient même en public, avait manqué défaillir à la barre des témoins, comme à Châteauroux. Après l'allusion d'Englumen, Le Troquer crut l'instant propice, il lança :

— L'assassin est connu, il se trouve parmi les témoins de l'accusation.

Me Garçon bondit :

— Alors nommez-le !

Il savait que Le Troquer flancherait, peut-être même prévoyait-il jusqu'aux mots de sa réponse. « Ce n'est pas mon rôle » dit Le Troquer. Maurice Garçon sauvait Désiré Brunet, une fois de plus.

Le second témoin à décharge et d'importance, André Bourbonnais, arrivait trop tard ; et puis ce petit Berrichon moustachu était aussi trop pittoresque, avec son accent et son parler bien du terroir, pour que l'on pût sentir à quel point sa déposition anéantissait les suppositions de l'enquête avec la dispute du bois Jacques des Bœufs et son horaire fictif. André Bourbonnais, on s'en souvient, avait vu « jamber », comme il dit, le garde Boistard, vers 15 h 30-16 h 45 « en direction du bois Faure derrière Loups, vers Nouzières... » à deux kilomètres et à l'opposé de l'endroit où l'accusation l'imaginait. Et Bourbonnais ajouta :

— ... Même que son chien a levé un lièvre qui est venu passer, à dix mètres peut-être ben.

Il l'a rappelé, c'était un petit chien blanc avec des taches, une sorte de ratier, comme qui dirait...

Bourbonnais fit sensation avec ce chien ; on n'en avait jamais parlé encore. Me Le Troquer demanda des éclaircissements. Le conseiller Hugues fut obligé de suspendre : la veuve Boistard, dont l'avocat de la défense sollicitait le retour à la barre, avait disparu. Elle s'était enfuie, éperdue, et cherchait son avocat dans la foule. Cela lui arrivait, à Maurice Garçon, de quitter l'audience sur un coup d'ennui, quand témoignait du tout-venant. Louise Boistard le trouva qui baguenaudait dans la cohue des couloirs. Émile Thibault n'était pas loin et il surprit la conversation :

— Maître, maître, ils ont parlé du chien ! disait-elle. Qu'est-ce que je dois dire ?

Il prit un air agacé, mais réfléchit, mine de rien, avant de répondre :

— Eh bien, vous déclarerez que... comment s'appelait-il, ce chien ? Tango. Bon. Vous direz... vers minuit j'ai vu Tango dans sa niche, il était tout mouillé, tout crotté et il semblait me dire « Louis n'est pas rentré ! »...

Autre souvenir d'Émile, très personnel, celui-là. Quand il arriva à la barre des témoins, Garçon, battant de ses longues manches, s'écria :

— Le voilà donc, ce Thibault ! On le voit à Paris dans tous les ministères. C'est un individu dangereux. Il faut l'arrêter tout de suite !

Me Le Troquer intervint et Garçon n'insista pas.

Le public ne s'intéressa guère à l'avocat général Girault et personne ne dressa l'oreille quand il requit « des peines sévères au moins égales à celles prononcées par celles des assises de l'Indre ». Le conseiller Hugues, lui, comprit. Après une heure quarante minutes de délibération, il obtint un verdict aggravé, vingt ans de travaux forcés, pour Mis et Thiennot. Les cours d'assises, c'est la tendance générale, condamnent moins dans une affaire qui revient devant elles après cassation. En audience civile, le conseiller Hugues et ses assesseurs augmentèrent le tarif, comme au pénal : cinq cent mille francs de dommages et intérêts au lieu de quatre cent mille.

La plaidoirie de Maurice Garçon avait été très acérée, dès l'exorde :

— Mesdames, messieurs, j'ai sur vous un avantage. J'ai connu cette affaire devant une autre juridiction et dans tous ses détails. Je vous le dis bien haut : « Ces deux-là sont coupables ! »

Il expliqua que le verdict des assises de l'Indre avait été cassé sur une simple question de procédure et il lança sa charge :

— Tout a été fait pour induire en erreur. On a tout tenté. Avec de faux policiers on a recueilli des témoignages. Un avocat de Châteauroux s'est prêté à ces manœuvres. N'en parlons pas, ce n'est pas la fierté de notre ordre.

« C'est une atmosphère empoisonnée qu'on a voulu créer autour de cette affaire. Depuis deux ans on parle de révélations sensationnelles, je les attends toujours. L'affaire est simple, claire, évidente. Mais autour d'elle on a cherché à créer une psychose du doute et même la manœuvre politique tendant à opposer le riche patron, l'industriel Lebaudy aux humbles petits gars des environs. »

Cette coloration nouvelle se retrouvait dans l'article de Pierre Scize, *Figaro* du 3 décembre 1948 : « ... On a des bouffées de politique aussi qui vous montent à la tête. Ces bois, ces étangs, c'est le domaine de M. Lebaudy. Lebaudy-Sucre, un trust, en somme, comme le journal communiste du canton en dénonce chaque jour. Et cet homme en képi, qui s'oppose au plaisir des chasseurs, c'est le chien de garde de ce trust-là. On va montrer qu'on n'a pas peur... »

Maurice Garçon, dans sa péroraison, avait tranché, à propos des aveux :

— Même s'ils ont été « extorqués », ils sont valables. — Il fixa les jurés et sur le ton de l'injonction ; Dès l'instant où votre conviction est faite, la preuve de la culpabilité étant apportée et indiscutable, ce serait une lâcheté de votre part de ne pas prendre la décision qui s'impose.

Me Le Troquer, du brio, du souffle, fut trop long parce que trop didactique et le meilleur de son argumentation, cela se sentit, ne portait plus :

— Lorsque le cadavre du garde a été retrouvé sur le bord de l'étang, son fusil ne contenait pas de cartouches. Or, sa femme a affirmé : « Mon mari avait l'habitude de charger son fusil en partant de la maison et de le décharger à son retour... » Je vous demande de réfléchir et de dire si le fusil du garde n'est pas l'arme qui a causé son trépas. Le garde Boistard a mangé une heure environ avant d'être tué. Or sa femme a précisé qu'il n'avait pas emporté de casse-croûte. Où a-t-il mangé ? Où a-t-il pris un casse-croûte ?

Me Le Troquer se rassit après avoir demandé l'acquittement et le conseiller Hugues donna la parole aux accusés.

— Je jure devant Dieu et sur la tête de ma mère que je suis innocent, dit Raymond Mis.

— Je jure sur la tête de ma mère que je suis innocent, dit Gabriel Thiennot.

À plus de 3 heures du matin, l'énoncé du verdict fut suivi de clameurs, de slogans « Mis et Thiennot innocents ! Le coupable est dans la salle ! ». Les jurés se firent injurier, houspiller.

Quand Le Troquer descendit les marches du palais de justice, ceux de Saint-Genou, ceux de la Brenne l'entourèrent. Il leur déclara :

— C'est une ignominie ! Il y aura cassation. Je plaiderai, pas pour l'argent, pour l'honneur.

Et Émile d'ajouter, à cette évocation :

— Il a pris l'argent quand même...

Le Troquer ne fut pas le seul à coûter cher aux Thibault. En 1955, il fallut trouver, en une journée, 610 333 francs, qui représentaient les dommages et intérêts de la veuve Boistard, plus une partie des frais de justice. Jean Blanchet emprunta 120 000 francs à sa belle-famille, les Thibault payèrent le reste.

Au lendemain de Poitiers, Émile retourna à Sceaux. Le président Patin lui dit :

— Vous n'avez pas eu de chance. On va encore essayer. Cela ne sera pas facile, mais c'est monstrueux, il faut faire la lumière. Il faudrait aller assez loin. Bordeaux, par exemple.

Commentaire d'Émile :

— Pour moi, comme nous étions sur le terrain de la vérité, nous pouvions aller n'importe où. On était solides, nous !...

L'arrêt de la cour d'assises de la Vienne fut cassé le 9 décembre 1949 et l'on sut assez vite que l'affaire serait renvoyée devant les assises de la Gironde, à Bordeaux, en juillet 1950.

II

Ici se place l'histoire du notable de Mézières-en-Brenne. Celle qui l'a rapportée la date du 24 mars 1950, quelques jours après que ce notable et ami, il le dit, de Mme Boistard se fut présenté à la caisse des allocations familiales de l'Indre pour s'occuper du dossier de la veuve, en vue de percevoir les prestations familiales.

L'employée des allocations s'intéressait à l'affaire Mis et Thiennot et lui demanda si Mme Boistard dont il s'occupait était bien la veuve du garde. Comme le notable répondait par l'affirmative, elle chercha à savoir où en était l'affaire.

— Les jeunes gens repassent pour la troisième fois aux assises, dit le notable. Nous ne savons pas à quelle date. L'affaire est pour l'instant suspendue pour supplément d'information. C'est absolument ridicule, d'ailleurs. Pourquoi mettre en doute les déclarations des témoins à charge, pendant que les témoins à décharge mentent odieusement. Je peux vous citer le cas d'une dame de Palluau qui dit avoir vu les jeunes gens le soir du crime entre 17 h 30 et 18 heures pendant qu'ils étaient encore à Mézières ! Mais si cette dame ne disait pas ça, le parti communiste ferait pression sur elle. À vrai dire, madame, en ce moment, nous avons peur car un revirement politique n'a qu'à se produire et les jeunes gens sortent blancs comme neige. C'est une honte !

L'employée insista :

— Mais est-ce vraiment eux qui ont tué le garde-chasse ?

— Sans aucun doute, voyons !

L'employée :

— Cette affaire m'a passionnée. Ayant suivi les assises de Châteauroux, j'avais trouvé qu'il y avait des points vraiment obscurs et qu'aucune preuve convaincante ne démontrait la culpabilité des jeunes gens. Vous ne pouvez donc démontrer par des preuves que c'est bien eux, les assassins ?

Le notable de Mézières :

— Mais non ! C'est bien ça le plus embêtant, nous ne pouvons pas prouver que c'est eux. Nous n'avons pas de preuves, nous le savons, c'est tout. Il y a bien le témoignage de Niceron, mais c'est un garçon de la campagne, aucune instruction, un pauvre type, mais cela tient, on le tient.

L'employée :

— Oui, c'est vraiment bien embêtant de n'avoir pas plus de preuves que ça.

— Oui, c'est bien embêtant.

— Et quels sont les défenseurs des jeunes gens ?

— Eh bien, ils changent souvent. À Châteauroux, il y avait Me Ferrière, qui pourtant n'a pas peur, mais les a laissés tomber. Il y avait aussi Me Charlet, du barreau de Limoges, qui les a laissés tomber également, nous ne savons pas pourquoi. Et à Poitiers, il y avait Me Le Troquer, un grand avocat, mais Me Le Troquer ne s'occupe plus d'eux non plus.

L'employée :

— Mais dites-moi, Me Le Troquer, c'est quelqu'un et pour se permettre de financer...

— C'est le parti communiste qui paie, voyons ! Sans quoi, il y aurait longtemps que ce serait fini, cette histoire-là ! Écoutez-moi, la Russie fournit de l'argent et le parti communiste le distribue dans cette affaire.

L'employée :

— C'est formidable, je n'y comprends rien ! Et du côté de la partie civile c'est Me Garçon qui défend les intérêts de Mme Boistard. C'est quelqu'un aussi et c'est la même chose, il faut de l'argent.

Alors le notable, admiratif :

— Oh oui ! Il faut s'appeler Lebaudy pour payer tout ça. Pensez donc qu'à Poitiers, rien qu'en frais de déplacement pour une trentaine de témoins qui sont descendus en car et ont été logés pendant trois jours dans les plus grands hôtels, ça lui a coûté de soixante-dix mille à quatre-vingt mille francs !

L'employée :

— En effet, c'est une somme. Qui est-ce M. Lebaudy ?

— C'est un grand sucrier. Il peut se le permettre. D'ailleurs, si Mme Boistard ne l'avait pas, ce serait la misère avec ses deux enfants. Mais M. Lebaudy est là, elle est logée, chauffée, les légumes lui sont apportés des domaines et aussi, certainement, de l'argent.

L'employée :

— C'est une chose tout à fait normale, son mari est mort en service, n'est-ce pas ?

— Oui, mais tout le monde ne pourrait pas se le permettre, car il faut s'appeler Lebaudy pour faire ça. Moi-même avec tout l'intérêt que je porte à Mme Boistard, je ne pourrais pas.

Au printemps 1994, alors que je commençais mon enquête dans l'Indre, des circonstances me mirent en présence de la femme de ce notable de Mézières, aujourd'hui riche retraité de la Brenne. Cette personne m'affirma qu'elle était une grande amie de Mme Boistard puis, dans un langage contourné, qui visait à me prendre pour un imbécile, elle me confia qu'elle avait ou avait eu une femme de ménage, habitant le village de Loups, qui savait tout sur l'affaire et ne dirait jamais rien. Le compte rendu de la conversation du notable avec l'employée des allocations familiales, outre qu'il révèle l'état d'esprit du clan Henri Béthune-Louise Boistard toujours agissant à Mézières, me permit un recoupement. En effet, Louise Boistard, qui fut « femme de ménage » chez ces gens-là, sait tout de l'affaire et ne dira jamais rien. C'est même la raison pour laquelle elle s'est acharnée sans relâche, nous le verrons encore en 1968, contre Raymond et Gabriel. Dans les années 90, différentes télévisions l'ont filmée comme elle jetait un oui haineux à qui lui demandait si elle croyait toujours à la culpabilité des huit suppliciés de la Brenne.

À Bordeaux, les 4 et 5 juillet 1950, le procès des assises de la Gironde, présidées par M. Audebert, fut calme. *La Marseillaise,* qui s'était quand même fendue d'un envoyé spécial, donnait le ton : « Seules les réactions de Me Le Troquer et de Me Maurice Garçon se livrant à des exercices oratoires sur un ton de tonnerre, entre deux sourires amicaux et d'affectueuses bourrades, retiennent et amusent les gens. » Au cours d'une suspension, Émile Thibault entendit Garçon dire à Le Troquer :

— Mais il faut absolument que je le gagne ce procès, tu le sais bien, André !

L'avocat général Machet-Lamartinière requit les travaux forcés à perpétuité et ordonna, par ailleurs, des poursuites pour faux témoignage contre Christian Grosjean. Il bénéficiera d'un non-lieu en septembre 1954. M[e] Le Troquer eut l'explication du verdict, quinze ans de travaux forcés, quelques jours plus tard. Trois jurés lui racontèrent ce qui suit :

— Lorsque nous sommes rentrés dans la salle de délibération, le président nous a dit : « Les jeunes gens sont acquittables, mais il y a les deux jugements antérieurs. Pour faire plaisir à la défense, donnons-leur cinq ans de moins. »

Huit jours après le verdict de Bordeaux, Émile Thibault retourna chez le président Patin qui lui dit :

— Écoutez-moi, mon petit, quelle que soit la cour où nous pourrions encore les renvoyer, ils seront condamnés. Trop de magistrats sont compromis, la couleuvre est trop longue, ils ne l'avaleront jamais. Mais sachez bien que je suis certain de votre innocence.

En 1951, la justice rappela à Émile Thibault qu'il lui devait toujours deux ans de sa vie, en termes plus administratifs, qu'il avait à accomplir deux ans de prison. Il s'y refusait, mais à la deuxième convocation, M[e] Le Troquer le sermonna : « Ne faites pas rébellion, on s'occupera de vous ! » Émile se fit une raison et boucla sa valise. Le 6 novembre, veille du départ, les voisins vinrent, les uns après les autres, lui dire au revoir dans la soirée. Le chef de la fanfare de Saint-Genou, M. Saint-Cricq, chercha à le consoler :

— On viendra vous chercher à la gare avec la musique, à votre retour.

Le 7 novembre, il faisait nuit encore quand il monta dans la chambre d'Auguste Allard, son grand-père Gus, le patriarche, qui lui dit :

— Ne baisse jamais la tête. Ne te laisse pas faire, piétine-les.

Il mourra le 10 janvier 1951, à l'âge de quatre-vingt onze ans, pendant que son petit-fils était à la centrale de Liancourt. Émile prit le train de 7 h 10, il se fit tout petit dans son compartiment pour ne plus voir son père et son frère Gervais qui, sur le quai, le cherchaient du regard.

Il arriva à Liancourt vers midi et prit un taxi. Le chauffeur lui demanda s'il était représentant à cause de la valise, sans doute. Émile lui répondit qu'il venait purger une peine de deux ans. Quand il eut pénétré dans la centrale, on le fit « mijoter » dans le vestibule. Le directeur, M. Boulet, ancien patron de la prison de l'île d'Yeu où était enfermé Pétain, arriva avec tout son état-major pour examiner ce nouveau détenu, d'un genre particulier. Émile lui dit :

— Je ne suis pas là pour longtemps. Vous serait-il possible, monsieur le directeur, de m'épargner la promiscuité.

M. Boulet se retira et Émile attendit deux heures encore avant de revêtir la tenue de taulard et d'enregistrer son numéro d'immatriculation : 2709. Il se retrouva dans une chambre au rez-de-chaussée, avec radio et w-c. Il s'assit près de la fenêtre et regarda le grand parc ; trente-cinq hectares, le parc, Liancourt était une centrale-pilote. Les feuilles tombaient, Émile pensa : « Si l'avocat ne fait pas ce qu'il a promis, s'il se dégonfle, avant que je sorte, ces feuilles qui tombent, là, il faudra qu'elles repoussent et qu'elles retombent et qu'elles repoussent... » Il prit du papier, écrivit un mot pour le directeur : « Excusez-moi, j'ai changé d'avis. Pourriez-vous me trouver une place où je travaillerais. » Le surveillant emporta le mot en grommelant « Déjà ! » Quelques minutes plus tard, il revenait : « Prenez vos affaires ! » Il le conduisit dans un bureau où le directeur, entouré du sous-directeur, de l'économe et du surveillant-chef, lui demanda ce qui lui arrivait. Émile se confondit en excuses et s'expliqua. Alors le directeur s'humanisa :

— Donnez-moi votre parole d'honneur, Thibault, que vous ne vous évaderez pas. Où je vais vous mettre, il n'y a pas de barreaux. Aux cuisines, ça va très mal, quelque chose ne tourne pas rond. Faites pour le mieux.

Le surveillant-chef l'emmena hors de la centrale, aux services extérieurs où étaient aménagées des cuisines ultramodernes. Il le présenta à la douzaine de détenus qu'on employait aux fourneaux :

— Voilà le nouveau, c'est lui qui sera responsable.

Quand le surveillant-chef fut parti, Émile leur dit :

— Les gars, je ne veux pas vous emmerder, mais il faut que nous nous entendions. Moi, je suis innocent, je paye pour un autre.

Et il sut passionner cet auditoire endurci qui s'exclamait de temps à autre pendant qu'il racontait son histoire : « Ah ! les fumiers ! »

Émile sortit en libération conditionnelle le 23 septembre 1952, après quatre cent dix-sept jours de détention. Il eut à approcher, en tant que chef des cuisines, tout ce que Liancourt comptait de prisonniers qui avaient de l'argent et il dit toujours :

— Entre ceux qui nous ont fait condamner et les gros de la collaboration comme les Bunau-Varilla, les Morelli ou les escrocs de l'époque comme de Récy, je ne vois pas la différence.

III

En juillet 1952, Gervais Thibault relança l'affaire, deux mois environ avant la libération de son frère. Il s'était entendu avec Roger Caillaut, cofondateur de *La Marseillaise.* Nous avons vu, au moment du procès de Châteauroux, que Robert Monestier, dans son article sur la subornation de témoin, penchait, comme beaucoup, en ce temps-là, pour la culpabilité de Mis et Thiennot. Roger Caillaut ne partageait pas cette conviction, mais il guettait le fait nouveau qui lui fournirait le prétexte à une campagne de presse en faveur des condamnés, d'abord, contre les auteurs de la machination, ensuite. Résistant de la première heure des maquis FTP, militant communiste dont l'influence bénéfique s'exerçait au-delà du parti, il estimait équitable et utile d'ajuster Henri Béthune, dès que l'éventualité se présenterait.

Gervais Thibault provoqua l'occasion. Le 24 juillet 1952, il partit pour Fontgombault où il savait trouver Niceron. Marcel Chevroton, garagiste à Saint-Genou, conduisait la voiture à bord de laquelle avaient pris place Robert Denizot, journaliste à *La Marseillaise,* Marcel Dupuy, typographe, et Marcel Maillet, le « gros Maillet », le gendarme de la brigade de Palluau, alors en retraite.

La Marseillaise du 26-27 juillet 1952 titrait : « Le crime de Mézières-en-Brenne soulève à nouveau les passions. On s'attend à de sensationnelles révélations. » Suivait un article qui retraçait l'affaire. Le lundi 28 juillet, le même journal titrait à nouveau et toujours à la une : « Le crime de Mézières-en-Brenne sera-t-il une réédition de l'affaire Seznec ? M. Niceron libère sa conscience et affirme par un écrit légalisé avoir fait de fausses déclarations sous la dictée du régisseur de M. Lebaudy (du sucre) et des enquêteurs. » Ce deuxième article traitait des « brutalités inadmissibles » dont avaient été victimes les huit de Mézières avant d'en venir à la rétractation d'Albert Niceron que Gervais Thibault et ses amis avaient obtenue et qui se terminait par : « C'est pour libérer ma conscience que je fais cette déclaration. » On lisait sur la fin de l'article : « L'accusation portée par Niceron contre M. Béthune, régisseur de M. Lebaudy et les policiers enquêteurs de l'époque est d'une gravité exceptionnelle. La justice ne peut pas la mettre sous le boisseau. Il faut que toute la lumière soit faite quelles que soient les "puissances" mises en cause et les probables nouvelles pressions qui ne manqueront pas de se manifester. Car tout le monde se demande pour quelles raisons M. Béthune aurait-il dicté à Niceron des déclarations mensongères ? » L'article précisait, enfin : « Nous indiquons que la signature de Niceron a été officiellement légalisée par M. Séville, maire du Blanc. »

Le lendemain de la parution de cet article, la brigade de gendarmerie de Tournon-Saint-Martin, dont dépendait Fontgombault, fut chargée de l'enquête et Niceron revint sur sa déclaration, selon son habitude. Mais Roger Caillaut et Robert Denizot tenaient l'amorce de leur campagne de presse. Ils étaient allés sur le terrain, comme le prouve l'article du 8 août.

Me Le Troquer avait lancé dans *Ce matin le pays* du 4 août l'accusation qui lui valut d'être contré par Me Garçon au procès de Poitiers : « J'ai découvert l'identité de l'assassin, déclarait-il maintenant. Il a été témoin à charge. » Voici donc un extrait de l'article de *La Marseillaise* du 8 août : « Après une visite à Mme Boistard, dont nous reparlerons, nous filons vers Tournon et Fontgombault. Nous voici à Villebernier. M. Touron nous reçoit en souriant. Il commence à avoir l'habitude... Quelques mots. On sent que les gendarmes ont passé là, mais la lecture de la déclaration de M[e] Le Troquer le laisse tout perplexe.

« Niceron, nous dit-il, il est à la batteuse chez mon beau-frère, sur la route d'Angles, à un kilomètre.

« Et voici la cour bruyante du ronflement de la machine. Une poussière enveloppante voltige... Les travailleurs nous ont vus. Eux aussi ont l'habitude. Depuis huit jours les journalistes ne manquent pas. Niceron est une vedette.

« Pauvre vedette. Il s'affaire aux "sacs" aidant d'un coup de reins à le hisser sur l'épaule des porteurs... Nous laissons s'achever le travail, en bavardant avec les uns et les autres.

« Et voici les derniers sacs, nous nous approchons. Niceron nous a vus. Avec un sourire, il se dirige vers nous et, avant que nous n'ayons dit un seul mot :

« — Je sais pourquoi vous venez. J'ai vu Mis et Thiennot : ils ont tué le garde, mais moi, je n'ai rien fait, j'avais un bâton...

« Nous nous regardons stupéfaits... Cela sent si bien la lecture débitée d'un trait... Cela sent si bien l'obsession de son pauvre cerveau de ne pas dire autre chose...

« Les gars de la batteuse s'approchent peu à peu : les uns assis sur le tracteur, les autres debout, ils sont bientôt une douzaine dont l'attention va redoubler jusqu'à en devenir passionnée.

« Niceron, certes, répond souvent par monosyllabes, un oui un non, parfois d'un signe de tête, les doigts à la bouche, souvent par un rire qui approuve... Mais il comprend parfaitement tout ce que nous lui disons.

« Nous lui faisons lire par un de ses camarades de travail l'article du journal, la déclaration de M[e] Le Troquer. Il écoute, ses yeux se fixent sur nous... On le sent inquiet, ému... et, quand on lui répète le passage : "Je connais le coupable, il a été témoin à charge", Niceron, soudain, dit sourdement :

« — Mais dans quel coin qu'il l'a tué ?

« Exclamation ? Interrogation ? Nous ne savons, et quand nous voulons lui faire préciser ce qu'il veut dire, quand nous lui faisons remarquer : "Si tu demandes dans quel coin, c'est donc que tu n'as pas vu Mis et Thiennot le tuer ?" il reste d'abord, silencieux, passif, puis, soudain, revient à sa déclaration d'accusation. Mais, brusquement, il s'écrie (quinze personnes l'ont entendu de leurs propres oreilles) : "Je n'ai pas touché d'argent, ils m'ont rien donné !"

« Cette déclaration spontanée amène chez nous, et chez tous ceux qui sont là, une nouvelle stupéfaction... Nouvelles questions :

« — Mais qui t'a fait des promesses d'argent ?

« Et nous lui rappelons les cent mille francs versés par M. Lebaudy avant la fin de l'enquête à la caisse de secours de la police, et les deux chiens de race qui furent donnés au commissaire Daraud et au commissaire divisionnaire Tardieu...

« — Moi je n'ai rien touché, répète-t-il obstinément.

« Ses camarades, maintenant, le plaisantent :

« — Allons, viens payer à boire. Alors, on t'en avait promis beaucoup de fric ? Des billets de mille ou des billets de cinq mille ?

« Niceron rit. Et, sur une nouvelle question, le nom vient ; le même nom qui fut écrit le 24 juillet, dans sa déclaration : M. Béthune. M. Béthune que Niceron nous dit avoir revu. Il y a deux ou trois mois, à Mézières.

« — Mais on ne m'a rien donné, répète-t-il. Je ne sais pas où il est passé, cet argent, mais moi... — et, avec un geste significatif sur le ventre — ceinture !...

« Tout le monde a compris, tous les travailleurs qui, maintenant, ne le quittent plus des yeux et enregistrent les réponses, sont convaincus.

« — Et c'est pour ça ! s'écrie l'un d'eux, que deux gars sont au bagne depuis six ans ? C'est une honte !

« Niceron rit, et, de nouveau, est muet. Il réalise vraisemblablement qu'il vient de dire quelque chose qu'il ne fallait pas dire.

« Ce rire niais, il nous apparaît qu'il le gagne chaque fois que nous lui posons une question à laquelle il ne s'attend pas, ou bien, il soulève sa casquette et passe sa main dans ses cheveux... Ce rire niais ou trop habile n'est-il pas un moyen facile qui lui a été donné de se tirer d'une réponse difficile ?

« Nous lui demandons ce qu'il faisait à Mézières pendant que ses camarades, témoins comme lui, étaient interrogés, comme on le sait, à la mairie.

« — J'étais à la gendarmerie, nous dit-il.

« — As-tu été battu, toi aussi ?

« — Oh, non ! moi, j'ai avoué.

« Là encore, chacun se regarde, chacun a compris.

« Et, plus tard, comme nous lui montrions la gravité de ce qu'il a fait, si vraiment Mis et Thiennot sont innocents, il dit en aparté : "Mais si ça n'avait pas été eux, c'est moi qui y serais, en prison."

« Les promesses, la peur, est-ce avec ces deux moyens que l'on a fait de Niceron un pourvoyeur de bagne ? Pour tous ceux qui suivent cette scène, le doute n'est plus possible.

« Nous nous adressons à nouveau à Niceron pour lui dire, devant tous les ouvriers témoins :

« — Tu vas être à nouveau interrogé par des gendarmes, par des policiers ; nous te demandons de dire la vérité, toute la vérité, sans avoir peur.

« Un des jeunes gars s'exclame :

« — Si tu l'avais toujours dit, tu ne changerais pas comme ça à tout moment !

« Regardant bien franchement et avec un peu de pitié Niceron dans les yeux, nous lui posons une dernière fois la question :

« — Allons, Niceron, quand as-tu dit la vérité ? Quand tu accuses Mis et Thiennot ?

« Pas un mot, Niceron regarde devant lui, à terre.

« Nous répétons :

— As-tu vu Mis et Thiennot tuer le garde ?

« Pas un mot, pas un geste.

« — Ou bien as-tu dit la vérité quand tu as dit, le premier jour, que tu n'avais rien vu, que vous n'aviez pas trouvé le garde ?

« Niceron, devant quinze témoins, lève la tête, nous regarde, et la baisse plusieurs fois d'un geste affirmatif. »

Et le 11 août, à la fin d'un article sur les incohérences du rapport d'autopsie et l'impossibilité du crime si l'on minutait la version inventée par les enquêteurs :

« Si l'on sait vaincre les pressions qui s'exercent et s'exerceront encore, les bouches s'ouvriront, les langues se délieront. Nous dirons, par exemple, qu'à Mézières, on s'étonne beaucoup des visites quotidiennes faites à Mme Boistard depuis le 26 juillet, date où nous avons publié la déclaration de Niceron, d'un homme qui fut mêlé à cette affaire, et dont le nom a été prononcé à diverses reprises. »

L'homme en question était, à l'évidence, Henri Béthune.

Le 13 août *La Marseillaise* titrait : « Les témoins de la récente déclaration de Niceron attendent toujours d'être confrontés. La police semble peu pressée de reconnaître la parfaite légalité de cette rétractation ainsi que les déclarations verbales de ce témoin à charge. »

Dans l'article, on lisait cette phrase : « Tout semblerait s'être passé comme si l'ombre d'une toute-puissance eût subjugué les enquêteurs. »

Le 14 août : « M. Béthune devrait pour son honneur demander à être confronté avec son accusateur et les témoins. C'est ce que pense toute la population de la Brenne. » Et dans l'article : « M. Béthune est une personnalité bien connue, non seulement en Brenne, où la toute-puissance trustée de Lebaudy rejaillit sur lui, mais aussi dans le département. Si dans les communes de Brenne, avec déférence on parle et on salue M. Béthune, il en est de même sur nombre de foires de l'Indre.

« Il ne fait donc aucun doute que l'accusation de Niceron a dû être pour le régisseur une atteinte insupportable à son honneur d'homme. Il apparaît logique, quoique aucun journal n'en ait parlé, que plainte avait été portée de sa part contre Niceron. Dans ce cas, n'est-il pas normal que sans attendre, les enquêteurs de la gendarmerie ou de la police judiciaire appellent en confrontation l'accusé et l'accusateur ?

« Il est bien évident que ce dernier, qui n'est pas à une rétractation près, semble-t-il, est capable de renier ce qu'il a écrit. C'est pourquoi M. Béthune, pour avoir la conscience tranquille et reposée des hommes pour qui le bien est l'apanage de leur vivant, ne se contentera-t-il sans doute pas d'une simple rétractation mais exigera, et à bon droit, la convocation des témoins qui assistèrent aux déclarations écrites et verbales de Niceron, et cela tant le 24 juillet que lors de la batteuse de Fontgombault, au cours de laquelle l'ouvrier agricole renouvela en partie ses déclarations. »

Dans *La Marseillaise* du 17 août, c'était la veuve Boistard que l'on mettait en cause, avec ses façons de changer de vérité, dès que Béthune lui rendait visite ou lui envoyait un journaliste de *La Nouvelle République* :

« Au cours de notre enquête nous avons apporté avec la plus grande objectivité — et seule de toute la presse régionale — certains éclaircissements sur une série de faits qui étaient pour le moins troublants. Nous avons, au cours de notre périple dans la Brenne, revu les accusés ou leur famille, les accusateurs ainsi que de nombreux témoins. Nous nous sommes entretenus avec tous, sauf cependant avec Mme Boistard, qui refusa systématiquement de s'entretenir avec des journalistes quels qu'ils soient, y compris ceux de la presse parisienne. Or, et peut-être après quelque conseil,

Mme Boistard a donné une déclaration que publia *La Nouvelle République* de jeudi. Dans cette déclaration, il apparaît qu'un point demande à être éclairci (et bien d'autres sans doute). Mais aussi pénible que ce nous soit de reparler de la fin tragique du garde Boistard, il nous faut encore revenir sur le dernier repas qu'il prit chez lui le 29 décembre 1946.

« Quel était son contenu ? Comportait-il ou non un plat à base de pommes de terre ? On se souvient que l'autopsie, pratiquée par M. le médecin légiste Bougarel, révéla que l'estomac du garde contenait de la bouillie de pommes de terre. On en veut pour preuve que, pris au hasard parmi la presse : *Détective* nº 128 du 22 novembre 1948 : "Mme Boistard a déclaré que son mari avait déjeuné vers 13 h 30 et qu'il n'avait pas mangé de pommes de terre." C'est ce qui fut toujours maintenu tant à l'instruction qu'en cours d'audience. On s'est toujours demandé alors où M. Boistard avait pris ces pommes de terre. On a même été jusqu'à supposer que ce dernier avait pu partager son dernier repas — le dernier celui-ci hors de chez lui et à base de pommes de terre — avec son assassin. Cette supposition étant faite par Me Le Troquer lui-même.

Mais voici que dans la déclaration de Mme Boistard et que publie *La Nouvelle République* (journal du 14 août) Mme Boistard dit, parlant du dernier repas que son mari prit à son domicile : "Je dois cependant vous indiquer que le rôti de porc que j'avais servi était, comme j'avais coutume de le faire, entouré d'une couche de pommes de terre. Mon mari a-t-il mangé de ces pommes de terre ou n'en a-t-il pas mangé ? Je ne puis naturellement pas vous le préciser."

« Quand Mme Boistard a-t-elle dit la vérité ?

« D'autre part, il nous semble paradoxal que, si Mme Boistard a servi à son mari un plat à base de pommes de terre, qu'elle ne se soit pas aperçue s'il en avait ou non mangé. Ceci d'autant qu'elle a précisé à *La Nouvelle République,* que le garde était un gros mangeur et son principal repas était celui de midi.

« Étonnons-nous qu'après avoir été aussi affirmative et avoir déclaré que son mari n'avait jamais mangé de pommes de terre, Mme Boistard ne puisse aujourd'hui donner une réponse précise là-dessus.

« Il est certain que l'on ne peut se rappeler tous les repas faits au cours d'une vie — si brève soit-elle — mais vraiment ce dernier repas du malheureux garde a revêtu une importance telle qu'il doit marquer dans un souvenir, d'autant qu'il a été l'un des éléments importants de l'enquête. »

Le 18 août, Roger Caillaut épinglait la veuve Boistard sur une de ces accusations les plus perverses lors de l'enquête, comme nous l'avons vu dans la première partie de ce livre :

« Dans notre précédent article, nous nous permettions de commenter pour nos lecteurs l'une des déclarations faites à *La Nouvelle République* par Mme Boistard, déclaration qui contredisait en partie celle faite pour la même question depuis le décès du garde Boistard. Il s'agissait, comme on s'en souvient, du dernier repas supposé de M. Boistard.

« Nous savons déjà que bon nombre de ceux qui suivent de près ou de loin cette tragique affaire s'étonnent de cette déclaration différente de celle qui affirmait que le garde n'avait pas mangé de pommes de terre à son domicile à la veille de sa fin brutale.

« D'autre part, Mme Boistard affirme que "Mis et Thiennot étaient des braconniers". Nous sommes quelque peu surpris par cette déclaration, car, alors, comment se fait-il que la famille du garde s'approvisionnait journellement chez les Mis en produits laitiers ? On sait, par ailleurs, que les Boistard entretenaient les meilleurs rapports avec les Mis. Il nous paraît donc surprenant qu'un garde-chasse entretienne d'aussi bons rapports avec des "braconniers". »

Après avoir cherché à éclaircir certains points troublants, ces déclarations de dernière heure semblent bien étranges.

Le 20 août enfin, *La Marseillaise* titrait : « Paulette, fille de M. Brunet, s'est troublée en entendant parler du fagotier lors d'une visite chez Mme Thiennot. »

Voici ce qui était raconté dans l'article :

« ... Nous tenons à présenter un fait récent dont nous n'avons pas encore parlé et que notre confrère *Libération* publiait hier :

« Le 6 août, une des filles du fermier Brunet qui, chose étrange, a épousé Marcel Thiennot, frère de Gabriel, le soi-disant "assassin" s'est rendue auprès de la vieille maman Thiennot qui est aussi sa belle-mère.

« Obsédée, la pauvre femme répétait :

« — Cette affaire, cette affaire, cette affaire.

« Mme Paulette Thiennot (née Brunet) s'est troublée.

« — Pourquoi avez-vous gardé à dîner mon fils Marcel à la ferme Prends garde à toi ce fameux soir du 29 décembre ?

« — Il était tard, papa n'était pas rentré, les bêtes couraient partout. Il était bien 9 heures quand il est rentré, le père Brunet.

« — T'as vu les journaux... Dis-moi, Paulette, qu'allait-il faire dans le fagotier, le chien policier, quand on cherchait le corps du garde ?

« À ces mots, Paulette s'est décomposée. Elle ne tenait plus debout. Voyant son émoi, la vieille dame l'a fait asseoir.

« — Allons, remets-toi. Si tu sais la vérité, tu devrais dire... Pense à mon Gabriel qui est en prison.

« Des rumeurs étranges circulent maintenant à Mézières-en-Brenne. La ville est infectée par l'affaire du garde-chasse. Chacun étouffe sous le poids d'un secret. »

Roger Caillaut avait en effet demandé à Jean Bedel, de *Libération,* de descendre de Paris pour approfondir sa propre enquête et la sortir sur le plan national. Jean Bedel consacra un long article de sa série au détail des tortures qu'avaient subies les huit de Mézières à « la mairie des supplices ». C'était la première fois que l'on en disait autant sur ces horreurs.

Près de deux ans passèrent et dans *Libération* du 28 septembre 1954, on lisait : « Niceron l'incendiaire fera deux ans de prison. IL FAUT RÉVISER LE PROCÈS MIS ET THIENNOT les deux innocents condamnés sur son témoignage. » Suivait le compte rendu d'audience de Jean Bedel :

« Dans cette triste salle des assises de Châteauroux aux grands murs dépouillés, aux lambris poussiéreux, Niceron a, dans son box, l'air grotesque de je ne sais quel oiseau exotique et déplumé, perché sur un buffet Henri II.

« Sans cette lueur d'inintelligence qui brille dans son œil profondément enfoncé sous l'arcade sourcilière, sans ce mouvement de la bouche dépourvue de lèvres qui lui fait rentrer le menton sous son nez en bec d'aigle, on pourrait le croire empaillé...

« Il assiste, visiblement sans comprendre, à quelque chose qui le concerne et semble parfois tirer une certaine satisfaction personnelle de ces honneurs rendus, de ce flot de paroles, de ce défilé de témoins... Tout cela pour cette histoire de brindilles de paille allumées chez son ami Jean Renaud, qui avait bien voulu lui donner à souper et lui offrir, pour dormir, l'hospitalité de sa grange à foin, près de Fontgombault, au soir du 19 octobre 1953.

« Il suffit de regarder Niceron pour se rendre compte que ce débile mental n'est pas très conscient de ses gestes et encore bien moins des conséquences de ses gestes.

« Tout le monde est d'accord là-dessus, ce qui lui vaudra les circonstances atténuantes et une condamnation de principe, la peine minimum (il fallait tout de même, pour ce jury de braves paysans, une peine de principe, car l'acquittement, voire le sursis eût été une prime d'encouragement à l'incendie).

« On peut donc considérer que Niceron, condamné à deux ans de prison pour incendie volontaire, a été bien jugé. L'idiot du village qui fait flamber une grange, ce serait une affaire banale, en somme, si, comme l'a souligné l'avocat général, Niceron n'avait fait parler de lui à différentes reprises au cours de ces dernières années.

« Il faisait discrètement allusion à l'affaire de l'assassinat du garde-chasse de M. Lebaudy, qui entraîna, par suite du “témoignage” de Niceron, la condamnation à quinze ans de travaux forcés de Mis et Thiennot — deux jeunes chasseurs qui avaient eu le malheur, un jour de décembre 1946, de se promener à proximité des lieux d’un crime qu’ils n’ont jamais commis.

« “Cette fameuse affaire dont nous ne parlerons pas”, a dit, de son côté, Me Boulade-Périgois, avocat d’office de ce pitoyable Niceron.

« Il faut reconnaître que Niceron n’a pas les allures d’un pilier d’accusation. L’intérêt des débats d’aujourd’hui est de mettre en lumière sa débilité mentale. “Vingt-neuf ans, journalier agricole. Sans domicile fixe. L’idée du feu lui étant venue dans la tête... Simple d’esprit, mais de bonne moralité ...”

« Le greffier égrène les litanies de l’acte d’accusation. Puis, c’est le président Gestat qui, plein d’indulgence, cherche à pénétrer cette âme fruste.

« — Né en 1926. Père inconnu, mère divorcée. Élevé par sa grand-mère. Enfant anormal, facilement irritable, souvent brutal, mais pas vicieux. Ne fréquente pas l’école. Garde les vaches. Faible de caractère, taciturne, influençable. Maniaque du briquet, instable, etc.

« — En fait, pourquoi avez-vous quitté le département de l’Indre en 1947 ? lance soudain le président...

« Va-t-on aborder l'histoire de l'assassinat du garde-chasse ? Le nom de Lebaudy va-t-il être prononcé ?...

« Niceron se trouble et répond finalement ce qu'il ne fallait pas répondre :

« — C'est à cause du crime de Mézières...

« Il l'a dit : c'est à cause du crime de Mézières. Il n'ira pas plus loin. Le président enchaîne. On ne saura pas que M. Lebaudy prit Niceron à son service après le crime et l'expédia le plus loin possible du département de l'Indre dans ses champs de betteraves de la Somme. Et le président en arrive à ses conclusions fondées sur la pertinente remarque du psychiatre : débile mental profond, assez satisfait de lui-même, suggestible.

« Passons aux témoins, ou plutôt passons les témoins : ils ne nous apprendront rien de plus. Et le docteur Delage viendra confirmer tout ce que nous savons de Niceron : responsabilité fortement atténuée.

« L'avocat général trouve l'affaire très simple. Malgré les déclarations contradictoires de Niceron, il estime qu'il a volontairement mis le feu à la paille mais il n'en trouve pas le mobile et c'est encore le refrain : "Pas conscient du mobile profond de son acte."

« Là-dessus, une "sanction est nécessaire", car selon lui Niceron, qui n'est pas conscient, est tout de même coupable d'incendie volontaire et doit encourir au minimum une peine de prison. Lui aussi a glissé sur "les faits qui ont eu leur épilogue devant une cour d'assises". Il reconnaît toutefois que Niceron a rapporté les faits "qu'il prétendait avoir vus". Nous retenons cette reconnaissance implicite de faux témoignage.

« Il ne reste plus au défenseur de Niceron qui s'y emploie habilement et de tout son cœur qu'à démontrer que son client d'office est un débile mental qui a eu une espèce de vertige du feu dans une inconscience totale.

« — Vous avez à juger, dit-il, pour finir et reprenant l'expression même du procureur, un enfant de huit ans. Il n'est pas d'usage de condamner des enfants : cet enfant, c'est Niceron.

« On connaît le verdict des jurés de l'Indre. Il n'en reste pas moins que c'est cet enfant, ce grand enfant, qui a envoyé au bagne deux innocents. Il n'est pas douteux que le jugement de la cour d'assises de l'Indre constitue un fait nouveau au sens de l'article 443 du code d'instruction criminelle. Un fait nouveau susceptible d'ordonner une révision du procès des deux jeunes chasseurs injustement condamnés à quinze ans de bagne sur le seul témoignage de ce fabuleux Niceron. Nous n'avons pas fini d'en parler. »

Une nouvelle campagne s'ensuivit. Jean Bedel décrivit une fois encore et avec tous les détails la mairie des supplices ; Roger Caillaut, pendant des semaines, harcela le régisseur du Blizon, article après article. Dans le dernier de cette série *(La Marseillaise* du 8 octobre 1954), on sent que Caillaut, le valeureux Roger Caillaut, a mesuré la hauteur et l'épaisseur des murs de la forteresse à laquelle il s'était attaqué.

« IL FAUT RÉVISER LE PROCÈS MIS ET THIENNOT.

« Monsieur Béthune, ne pourriez-vous pas nous y aider ?

« Voyons, monsieur Béthune, nous ne voudrions pas avoir l'air de jouer au toréador avec vous. Nous ne voudrions pas avoir l'air de vous cribler de banderilles et de faire chatoyer devant vos yeux une cape sanglante, afin de vous faire porter une estocade sans merci.

« Mais enfin résumons :

« Le 25 juillet 1952, nous publiions une lettre de Niceron, dans laquelle celui-ci vous mettait directement en cause, vous accusant de lui avoir dicté les déclarations mensongères qu'il fit en accusant Mis et Thiennot du meurtre du garde Boistard, alors que, ni lui, ni ses camarades de chasse n'avaient rien vu du crime.

« Le même jour, nous disions que vous fûtes témoin à charge, déclarant avoir entendu à la mairie de Mézières Thiennot dire à Mis :

« — J'ai avoué, moi, avoue aussi, menteur, c'est toi qui es accusé, c'est toi qui as tiré le premier.

« Et nous disions que vous n'aviez remarqué aucune trace de coups sur les "interrogés", en contradiction avec leurs propres dires et ceux du docteur Gadaud, des gardiens Rougeron et Villemont.

« (Mais pourquoi donc à l'époque ne quittiez-vous pas la mairie ou la gendarmerie de Mézières ?)

« Nous demandions en conclusion de notre article, espérant que vous répondriez : "Pour quels motifs M. Béthune aurait-il dicté à Niceron des déclarations mensongères ?"

« Vous ne répondîtes point.

« Le 2 août 1952, relatant qu'à la suite de l'affaire de Mézières Niceron était allé travailler dans la Somme (nous avions même écrit : Seine-et-Marne, afin de permettre un démenti), nous posions une question que tous les gens avertis ont comprise comme vous étant adressée. Car enfin ce n'est pas M. Lebaudy qui embauche ses ouvriers agricoles, mais son régisseur, vous-même :

« "Est-ce une tierce personne qui lui a offert d'aller travailler en Seine-et-Marne ?"

« Et nous faisions allusion à des "puissances" exerçant des pressions pour qu'on ne rouvre pas l'affaire. Avez-vous été le seul à ne pas identifier ces puissants ?

« Silence !

« Le 5 août 1952, nous écrivions :

« "C'est spontanément que Niceron a mêlé M. Béthune à ses propos."

« Le 6 août : Nous vous taxions de témoin "opportun" pour l'accusation.

« Le 8 août : Nous apprenions à nos lecteurs qu'accompagnant M. Bedel, de *Libération,* notre rédacteur s'était rendu à Fontgombault, à la ferme des Ajoncs, où travaillait Niceron, et que là, devant quinze témoins, Niceron vous avait accusé de lui avoir offert de l'argent et de ne lui rien avoir donné. Pourtant, précisait-il, il vous avait encore vu il y avait deux ou trois mois à Mézières.

« Vous restâtes muet.

« Le 11 août 1952, après la retentissante déclaration de M^{e} Le Troquer, "qu'il connaissait l'assassin, et que cet assassin avait été témoin à charge", nous écrivions : "Les trois principaux témoins à charge étant Niceron, Brunet et Béthune, le choix est assez restreint comme on le voit." Il est vrai que nous oubliions à l'époque M. Thiennot André. Il y a des choses que nous ignorions et que nous avons apprises depuis.

« Dans le même article nous signalions les visites quotidiennes que vous fîtes à l'époque à Mme Boistard.

« Aucune réaction de votre part.

« Le 14 août, notre article vous était spécialement réservé, sur trois colonnes, en titre :

« "M. Béthune devrait, pour son honneur, demander à être confronté avec son accusateur et les témoins." Nous ne voulons pas rappeler tout notre article, volontairement "dur".

« Vous n'en tîntes pas compte.

« Le 19 août, nous apprenions à nos lecteurs que la PJ d'Orléans enquêtait. "M. Béthune sera sans nul doute, pour son honneur, présent à cette confrontation", insinuions-nous.

« Avez-vous demandé, monsieur Béthune, à être entendu ? à être confronté avec votre accusateur et ceux qui rapportaient ces paroles ?

« Le 21 août, les cinq témoins de la rétractation de Niceron ayant été entendus par le commissaire Suzonni, mais non confrontés avec Niceron, nous écrivions :

« "Il s'est obstinément refusé de contresigner au procès-verbal d'audition les termes de la lettre de rétractation de Niceron mettant en cause M. Béthune."

« Sauriez-vous pourquoi ce refus, monsieur Béthune ? Êtes-vous intervenu à l'époque pour qu'on fît la lumière sur cette affaire vous concernant un peu pourtant ?

« Rien ne filtra.

« Et puis le silence se fit.

« Nous avions confiance en la justice. La justice resta sourde. Pourtant, la grande presse : *France-Soir, France-Dimanche, Le Parisien libéré, Libération, Franc-Tireur,* pour ne citer qu'eux, firent écho à notre campagne et votre nom fut mis sur la sellette.

« Vous restâtes muet, monsieur Béthune, absolument de pierre, insensible.

« Le 19 octobre 1953, Niceron ayant mis le feu à une grange où il dormait, nous rappelâmes à nouveau notre campagne de 1952 et le drame de 1946. À nouveau, vous fûtes cité. Et notre rédacteur se faisait connaître, vous donnant un nouveau moyen de faire éclater la vérité.

« Le 22 octobre 1953 nous écrivions :

« "Quelle force occulte s'est opposée l'an dernier, à la révision du procès, alors qu'un fait nouveau, la déclaration de Niceron, le permettait ?... Quelle force a fait taire l'honneur de M. Béthune, mis en cause par deux fois par Niceron et dont le moins qu'on attendait de lui est qu'il demandât un supplément d'enquête. Tout se passe comme si certains étaient prêts à 'tout encaisser' pourvu qu'on ne révise pas le procès."

« Et, nous étonnant que les témoins à charge, mis directement en cause par M. Le Troquer, ne l'aient pas attaqué, ni les journaux qui avaient rendu publique son accusation, nous concluions :

« "Ne serait-ce pas parce que toute nouvelle enquête, toute nouvelle instruction orienteraient les recherches vers une autre direction, vers d'autres mobiles, vers d'autres assassins ?"

« Et nous en arrivons à notre campagne de cette année. Après avoir obtenu la grâce de Mis et Thiennot, libérés en juillet, nous nous sommes assigné comme devoir de les faire réhabiliter, ainsi que leurs amis injustement condamnés. Et nous sommes tenaces.

« L'ordonnance de non-lieu prise à l'égard de M. Grosjean a constitué pour nous un fait important venant appuyer la rétractation de Niceron en 1952. Car si Niceron a menti en déclarant avoir assisté au meurtre, pourquoi ne dirait-il pas la vérité quand il affirme qu'on lui avait dicté ses accusations mensongères ? Rejoignant ainsi sur le fond les protestations d'innocence de tous les jeunes chasseurs, condamnés ou non ?

« Le 15 septembre dernier, nous vous remettions donc en cause, monsieur Béthune, allant jusqu'à juger curieuse votre conception de l'honneur. Dure banderille, n'est-ce pas ?

« Vous ne réagîtes point.

« Pas plus après notre article du 25 septembre.

« Vous comprenez, monsieur Béthune, il vous serait facile de nous aider à faire la lumière, vous en avez dix occasions. Niceron vous accuse, des témoins rapportent ses accusations, des journaux les reprennent.

« Ces accusations sont vraies ou fausses.

« Si elles sont vraies... on vous comprend.

« Si elles sont fausses, faites-les taire, demandez à être confronté avec tous ceux-là qui vous ont malmené quelque peu. Ce sont d'honnêtes gens, s'ils ont été trompés, ils seront bien aises de le reconnaître publiquement.

« Vous les connaissez, monsieur Béthune.

« Tenez, pour en finir. Dans la voiture qui, en juillet 1952, emmenait au Blanc Niceron, il y avait MM. Maillet Marcel, gendarme en retraite à Saint-Civran ; Dupuy Marcel, ouvrier typographe à Châteauroux ; Thibault Gervais, boucher à Saint-Genou ; Chevroton Marcel, mécanicien à Saint-Genou, et Denizot Robert, journaliste à Châteauroux. Niceron fit quelques déclarations dont il peut être porté témoignage, dont on n'a pas fait état encore, et que le commissaire Suzonni se refusa également d'inscrire au procès-verbal de l'enquête qu'il fit. Quand il eut bien compris que ses interlocuteurs n'étaient pas des policiers, car contrairement à ce qu'il dit par la suite, Niceron en était persuadé à ce moment, songeant peut-être aux conséquences de la rétractation "qu'il allait faire de bon gré" et dont il ne connaissait pas encore les termes mais seulement le sens, il s'est écrié, parlant de vous, monsieur Béthune :

« "Quand Béthune va le savoir, il va me tuer..." Puis, quelques instants après : "C'est un salop... il ne m'a rien donné."

« Vous voyez bien, monsieur Béthune, que vous ne pouvez plus rester insensible, sourd et muet... Aidez-nous de bonne grâce à rechercher la vérité. Qu'avez-vous donc à en craindre ? »

Et jusqu'aux années 80, l'affaire Mis et Thiennot en restera à peu près là.

IV

Raymond et Gabriel passèrent ensemble la quasi-totalité de leurs sept ans et demi de détention sauf les derniers mois, quand on transféra Gabriel de la prison sans barreaux de Toul à la centrale de Melun. Ils furent libérés tous les deux en juillet 1954 et le 27 septembre, assistèrent au procès de Niceron. Ils avaient tenu à le voir dans ce box des assises de l'Indre par lequel ils étaient passés eux-mêmes. Une photo de groupe les montre sur les marches du palais de justice de Châteauroux, à la sortie de l'audience. Gabriel est en uniforme d'aviateur. Grâce à l'abbé Bréhamet et à Le Troquer, il avait échappé, lui, le condamné à une peine infamante, aux bataillons disciplinaires ; on l'affecta à la base aérienne de Tours. Il conserve un très bon souvenir de son service militaire. Son colonel répondra à ses vœux de 1956, par ce mot :

« Mon brave Thiennot. J'ai été très touché par tes vœux et ton bon souvenir à mon égard.

Pour cette année 1956, je te souhaite de tout cœur d'obtenir une révision de ton procès et à l'occasion tiens-moi au courant lorsqu'il y aura du nouveau. Quoi qu'il arrive, continue à te bien conduire comme tu l'as toujours fait parmi nous durant ton service militaire en garçon honnête et en bon petit Français. Garde ton courage intact et tôt ou tard, tu auras gain de cause. »

Quand on voit aujourd'hui Gabriel et Janine Thiennot dans leur pavillon locatif de Déols, la petite cité sœur de Châteauroux, on peut les prendre pour un couple de retraités, encore jeunes, très actifs, parents et grands-parents heureux. Gabriel, le maçon, gros travailleur et sa femme ont eu leur part de difficultés, comme tout le monde, davantage même avec deux enfants, dont une fille aveugle-née, qui moururent jeunes.

Raymond Mis, maçon lui aussi, a rencontré, il y a dix-huit ans, Raymonde — c'est ainsi — la femme qu'il lui fallait, après tout un parcours bien solitaire. Dès sa sortie de prison le mouvement de la famille Mis, et ce fut heureux, le porta. Stanislas avait su échapper aux petits métiers de la terre, voués à disparaître ; il s'était fait maçon. Il fut embauché par une grande entreprise de travaux publics et il y plaça, peu à peu, son frère, le p'tit Jean, sa mère, Saloméa, ses deux sœurs Janine et Irène, qui connurent là leurs futurs maris, des chefs de chantier. Stanislas partit ensuite pour la région de Grenoble où il épousa Hélène, une fille d'émigrés polonais, qui habitait Voiron. Dans les années 60, Janine fut mutée à Toulon, en même temps que son mari ; elle accepta à condition d'être suivie par les siens. Ainsi, tous les Mis se retrouvèrent dans le Var, le dernier à descendre, en octobre 1965, fut Raymond, après son apprentissage et son CAP à Limoges.

À l'exception de Janine, qui a voulu oublier, la famille aime encore le Bas-Berry, l'Indre, une terre où, avant l'affaire, on se sentait bien. Le plus attaché à ce pays de leur passé est encore Stanislas. Il avait pour l'oncle François Krück et la tante Julia, une affection qui remontait à ses années d'enfance en Pologne, à Opaliniska. Et puis sans les Krück et les Sadanovitch, autres parents qui ont fait souche dans l'Indre, où serait allée Saloméa Mis avec ses enfants quand elle dut quitter la Blinerie ?...

Hélène Mis continue aussi à correspondre avec Pierrette, l'amie des jours les plus durs. Dès le début de l'affaire et dans le sillage de sa grand-mère et de sa mère, les dames Rousselon, Pierrette s'identifia à la cause ; elle assista à tous les procès, seconda de son mieux Émile Thibault dans son action, s'endetta pour payer une partie des honoraires d'Anne-Marie Ferrière, avocate de Gabriel, le cousin, pour lui envoyer aussi des colis tout au long de sa captivité. De même les Mis ; Pierrette était une de leurs rares certitudes, que ce soit pour trouver une chambre ou la bonne porte dans des démarches administratives.

Le seul des Mis pour qui personne, pas même Pierrette, ne put rien, ce fut Guy. Après le départ de la Blinerie, l'oncle Krück l'hébergea ; il fit ensuite des séjours à l'hôpital psychiatrique de Tours où l'on soignait son épilepsie au gardénal. Il trouva du travail dans une scierie, acheta une maison en viager et l'on crut qu'il s'en tirerait, celui que l'enquête n'avait cessé d'appeler « l'estropié ». Après la sortie de prison de Raymond, en 1954, il se supprima. « Il en avait marre, c'est tout ce qu'on peut dire », pense Stanislas, qui n'établit pas, semble-t-il, un rapport direct avec l'affaire.

Chez les Chichery, au contraire, Gaston est persuadé que l'affaire a causé le suicide de son frère André. Il s'était installé à Paris et marié sur le tard avec une femme qui avait déjà une grande fille. Le ménage connut des moments difficiles et la compagne d'André Chichery, qui soupçonnait quelque chose, le mit en porte-à-faux, lors d'une élection : pourquoi ne votait-il jamais ? pourquoi n'avait-il pas de carte d'électeur ? Il avoua sa condamnation et mit fin à ses jours, peu après. Gaston Chichery entendit la jeune belle-fille d'André dire à sa mère : « Si tu ne l'avais pas forcé à te le dire, il ne se serait jamais tué. » C'était en 1970.

Dans l'Indre, on avait comme oublié l'affaire, en tout cas, elle ne revenait plus dans les discussions de bistrots ou les palabres des places publiques. Seul, Émile Thibault la jetait à la face des gens, où qu'il aille, où qu'il soit. Gabriel ne s'en cachait pas non plus, mais il était moins ostentatoire. Quant à Gervais Thibault, un samedi de ces années 60, dans une des rues les plus commerçantes du centre de Châteauroux, il se mit à suivre Henri Béthune en criant : « Assassin ! Assassin ! » Le régisseur pressa le pas et comme Gervais persévérait, il s'engouffra dans la première boutique venue.

Mais à Mézières-en-Brenne, on en parlait avec insistance, de Mis et de Thiennot. C'était un des sujets de conversation des gendarmes, à la brigade ou à l'annexe, le *Café des amis,* tenu par Jean et Lucienne Tanchoux, convaincus de l'innocence depuis longtemps, ces deux-là, et qui le disaient ! Le gendarme Michel Sabourin fut très surpris par cette ambiance quand il arriva en août 1968, avec sa femme et ses enfants, pour prendre ses fonctions, place de la foire aux porcs.

Cette place n'avait pas encore été débaptisée, mais dans les années 70, Léon Boussard, succédant à Roger Morêve comme maire, la fit réaménager avant de la dédier à Jean Moulin. Une plaque en l'honneur du grand résistant fut apposée sur « la mairie des supplices ». Léon Boussard savait bien qu'on l'avait surnommée ainsi. Il disait, parfois : « Des gens ont souffert ici. »

Le chef Trinquart, d'entrée, entretint Sabourin de l'affaire ; il partageait avec ses gendarmes Prat, Legrand, Bouquarel, Villien ou Poterlot, l'opinion des Tanchoux. C'était, d'ailleurs, au chef Trinquart que Lardeau, bien des années auparavant, avait transmis le commandement de la brigade ; et cela dure une bonne huitaine de jours, une passation de pouvoirs, on se dit des choses, de chef à chef.

Louise Boistard aborda le gendarme Sabourin dans la rue, dès le premier jour, pour lui dire :

— Je suis la veuve et eux, les Mis, les Thiennot ce sont les assassins.

Elle essaya deux autres fois de revenir sur le sujet, mais il s'esquiva, disant, assez ferme, qu'il se réservait le droit de penser par lui-même. La veuve Boistard, qui avait à l'époque une petite mercerie, se rabattit sur Mme Sabourin, un jour qu'elle venait se fournir au magasin. « On aurait dû les tuer... » commença Louise Boistard, Mme Sabourin fit en sorte d'échapper à la suite. Elle était de Ligugé, comme son mari, et ils se souvenaient tous deux de l'indignation familiale, au moment du procès de Poitiers, en 1948 ; leurs pères, qui lisaient le journal, tout en mangeant et disaient, maugréant :

— ... Vont quand même pas condamner ces gamins, bon Dieu !...

Le chef Trinquart envoya bientôt au Blizon son nouveau gendarme qui, par surcroît, était, à trente et un ans, le plus jeune. C'était une des corvées de la brigade, le Blizon, on s'y heurtait à Béthune qui vous traitait comme de la valetaille. Michel Sabourin ne vit pas souvent Jean Lebaudy, tout passait par Henri Béthune. Le régisseur, comme son amie la veuve Boistard, voulut l'endoctriner. La cravate rouge de Gabriel, le communiste, le petit gueux en tablier et en sabots, Mis, le Polonais misérable, d'une famille d'alcooliques, cette rengaine, Béthune ne l'avait peut-être pas forgée tout seul, mais elle lui plaisait fort. Michel Sabourin fit comprendre qu'il ne gobait pas et il lui arriva de dire au puissant Béthune qu'il était tenté maintes fois de mépriser la justice qu'il avait pour mission de servir.

À Saint-Michel-en-Brenne, il eut une surprise agréable, le jour où il fut présenté à André Bourbonnais, sur la petite, très petite place du village. Il y avait un banc sur cette place. Bourbonnais, le pépé moustachu et bedonnant, était assis à un bout et à l'autre bout, il y avait un vieux tout sec, à l'air pas bon, qui regardait ailleurs. Bourbonnais sympathisa sur l'heure avec Michel Sabourin et lui désigna le vieux en disant :

— Celui-là, tu vois, on n'est pas toujours ben copains, tous les deux... C'est le Désiré Brunet, tu sais ben, celui qu'a tué le garde Boistard...

Il était considéré, André Bourbonnais, buvant son coup de temps en temps, braconnier en bonne intelligence avec les gardes-chasse ; un homme franc, droit, qui avait vécu avec modestie de son seul travail et qui savait vieillir, sourire.

— C'était mon papi à moi, dit Michel Sabourin. Il me conseillait : « Ne marche pas comme les autres flics à la solde de ces bourgeois. » Quant à Béthune, il le prenait pour un bon à rien : « Un pôv' con, disait-il, en dehors du Blizon qu'est-ce qui saurait faire ?... »

La brigade de Mézières-en-Brenne, où l'on chantait, même *L'Internationale,* dont le chef ne s'inclinait pas toujours devant les notables et qui croyait à l'innocence de Mis et Thiennot, cette brigade fit de l'ombre à quelques-uns du commandement et on la chamboula.

Michel Sabourin fut envoyé à Voves, dans la Beauce, pas loin de Chartres. Il se sentit perdu, mais il est heureux pour ce livre qu'il ait eu, en certaines circonstances, à servir sous les ordres de Fernand Sarazin, le seul gendarme qui ne se soit pas sali dans l'affaire de Mézières-en-Brenne et avec lequel il se sentit en confiance. Fernand Sarazin qui termina sa carrière adjudant-chef, le plus haut grade, nous l'avons dit, pour un sous-officier et qui partira avec le certificat de bonne conduite numéro 1, Sarazin était très jugulaire, jugulaire, mais restait proche de ses hommes. Pendant les opérations au cours desquelles Michel Sabourin fut placé sous son commandement, il aurait pu prendre ses repas dans une pièce à part ; il préférait manger avec sa troupe. Personne ne le vit jamais boire alors que dans les années 80, 90, on essaiera, Louise Boistard et le gendarme Émile Pinal, entre autres, de le faire passer pour un ivrogne.

Fernand Sarazin parla souvent de l'affaire avec Michel Sabourin, puisqu'il avait participé à l'enquête, les 30 et 31 décembre 1946, jusqu'à la découverte du corps de Boistard, à l'étang des Saules. Tout ce que nous avons pu écrire de cette enquête, dans la première partie du livre, Sabourin et Sarazin en parlèrent, entre hommes, mais aussi entre gendarmes.

Michel Sabourin revint dans l'Indre en 1976 et à la fin de son temps de gendarmerie, il décida, en accord avec sa femme, de brûler son uniforme, qui était, quoi qu'il en ait fait, sa propriété ; un gendarme paye son uniforme avec son argent personnel. Michel Sabourin fait partie du comité de soutien Mis et Thiennot. Quelques mots encore sur ses quatre années et demie à Mézières-en-Brenne. Il était déjà à la brigade quand Jean Lebaudy mourut le 31 décembre 1969, à soixante-quinze ans. Le corps fut exposé dans la grande salle du château afin que les populations puissent venir saluer une dernière fois le maître, avant le départ pour le Lot, je crois bien, où il devait être inhumé dans le tombeau des Murat, famille alliée aux Lebaudy.

Michel Sabourin était encore à Mézières quand Béthune prit sa retraite. Il le voyait, dès le matin, sur le pas de la porte de la maison qu'il occupait dans Mézières même ; il se postait là, chapeauté, habillé et ganté, comme il l'était à la régie du Blizon ; et il surveillait le bourg. Henri Béthune rendait des visites régulières à la veuve Boistard ainsi qu'aux notables. Il mourut le 4 janvier 1974, à soixante-quinze ans.

Désiré Brunet, l'homme de l'autre bout du banc d'André Bourbonnais, mourut, lui, le 26 octobre 1976, à soixante-quatorze ans. Il fut enterré deux ou trois jours après, un vendredi. Émile Thibault s'en souvient ; il revenait en voiture de la foire des Eyrolles, toujours un vendredi, et il fut ralenti, à Sainte-Gemme, par le convoi. Il demanda qui c'était, le défunt ?...

Brunet, une fois retraité et tant qu'il habita à Saint-Michel-en-Brenne, fut le seul des anciens employés du Blizon qui avait le droit d'entrer au château, le jour de l'arbre de Noël. Il disait :

— Tant que Lebaudy sera là, moi je serai bien tranquille.

Il finit ses jours à l'hôpital, après un long séjour chez son fils Lucien ; un ouvrier agricole pas comme les autres, Lucien, puisqu'il vit depuis longtemps sous la protection de la famille Beaulieu, des industriels importants de l'agriculture, à Saint-Martin-de-Lamps, près de Levroux, une région riche de l'Indre. Désiré Brunet, quand il vivait chez Lucien, allait à Levroux et dans un certain café de la grand-place, toujours le même, il offrait des tournées générales en sortant de sa poche une liasse de billets.

Les trois acteurs principaux de l'affaire, il serait plus exact de les appeler les fauteurs, bref, ces trois-là ne sont plus. Alors, hormis la veuve Boistard, quels autres savent ?

Albert Niceron, nous le citons pour information. Aux dernières nouvelles, il végétait dans son espèce de caravane, au même endroit depuis tant d'années, un village de la Somme, près de Roye, non loin d'une ancienne sucrerie Lebaudy et sous la surveillance du personnel d'un betteravier, qui possède trois mille hectares dans ce secteur.

Paulette Brunet, épouse Thiennot, et son mari Marcel, frère de Gabriel, ont leur maison à Mézières-en-Brenne et vivent bien, tout comme l'autre aînée des filles Brunet, Marcelle, qui habite du côté d'Angoulême. Lucien, nous venons de le voir, est à Saint-Martin-de-Lamps. En 1982, il a menacé de mort Gabriel, par téléphone ; la plainte n'a pas eu de suite. Il y a quelques années, quand il a pu craindre que Paulette parle, il est venu lui rappeler que le chef, c'était lui et il a posé culotte devant chez elle. Son frère, Maurice, vit dans la Vienne. Il avait dix ans en 1946, mais il suivait Lucien et Désiré, son père, partout, dans leurs vadrouilles. André Thiennot vit à Sainte-Gemme ; encore un qui dialogue à coups de fourche.

V

À l'automne 1979, un court essai sur l'affaire Mis et Thiennot parut en souscription. Il était intitulé : *Ils sont innocents* !, son auteur s'appelait Léandre Boizeau. La première édition en librairie fut enlevée en un mois. À la fin de novembre, trois mille personnes, dans l'Indre, avaient acheté ce livre. Il y a eu trois rééditions depuis, treize mille exemplaires ont été vendus en quinze ans. Le texte en lui-même est peu explicite, fort précautionneux. Disons qu'il donne de l'affaire une idée sommaire. Mais il est de ces ouvrages qui doivent leur succès à leur sujet seul et qui paraissent au moment où un public a envie de s'intéresser à ce sujet-là.

L'auteur, Léandre Boizeau, avait trente-neuf ans lors de la parution de *Ils sont innocents* !. Enfant du pays, instituteur, militant communiste, adjoint au maire de Le Blanc, il était en train de rompre avec le PCF. À la fin de novembre 1979, le parti organisa une manifestation, avec projection, autour du livre de Gilles Perrault : *Le Pull-Over rouge.* Les responsables invitèrent Léandre Boizeau, celui qui, malgré les dissensions, était encore des leurs et dont le livre sur la grande affaire du département faisait parler. Gilles Perrault tomba malade et Léandre se retrouva seul devant deux cents personnes ; il s'aperçut vite qu'elles étaient venues pour Mis et Thiennot. Cette réunion, très réussie, lui donna à penser et il décida avec Gabriel Thiennot, qu'il connaissait depuis longtemps, d'organiser une réunion à Mézières-en-Brenne ; pour voir. Les patrons de la Maison de la presse de Mézières étaient alors les Watissée et ils ne voulaient pas entendre parler de ce livre. Il se vendait au *Café des amis,* chez les Tanchoux, le livre.

La réunion de Mézières, en décembre 1979, se passa bien ; la salle était pleine, calme, l'âge moyen de l'auditoire entre trente et trente-cinq ans. Aucun incident ne se produisit, des questions intéressantes furent posées. René Foissier, trésorier d'un grand nombre d'associations dans l'Indre, mit sur pied aussitôt une réunion à Buzançais, sa ville à lui. La salle était trop petite pour un auditoire passionné, cette fois. Le comité de soutien Mis et Thiennot fut créé le soir même, Léandre Boizeau prit la présidence avec pour vice-président Jean-Paul Thibault, un jeune avocat homonyme des Thibault de l'affaire et qui avait proposé de s'occuper, à titre gracieux, des procédures de réhabilitation ; parce que dans l'esprit de tous ceux qui se découvraient solidaires de Raymond et de Gabriel, pour une raison ou pour une autre, la réhabilitation allait de soi.

La mobilisation fut considérable, une quinzaine de réunions, un peu partout dans l'Indre ; des réunions graves, qui se tendaient peu à peu, avec parfois comme un désir fou que l'on sentait chez tous ces Berrichons accourus et se pressant là, oui, le désir fou de réparer, d'instaurer pourquoi pas ? la justice sur la terre, maintenant et tout de suite. Il dut en être ainsi pendant plusieurs mois puisque telle fut mon impression, le 20 juin 1980, à la MJC Belle-Isle de Châteauroux. On a dit mille personnes. Il y en avait bien davantage, si l'on comptait tous ceux qui s'agrippaient à n'importe quoi, au-dehors comme au-dedans, sans rien voir ; mais ils en étaient !

Sur l'estrade, les huit de Mézières ; ils se tenaient assis autour de Léandre Boizeau et de Jean-Paul Thibault, tous les huit, sept plus la chaise d'André Chichery. Je ne sais rien de la séance solennelle à l'issue de laquelle la Convention, en 1793, réhabilita le chevalier de La Barre, la jeune victime de cette autre machination que le pouvoir judiciaire sous Louis XV encouragea et puis couvrit ; je ne sais comment cela se passa ; mais le 20 juin 1980, à Châteauroux, j'ai vu, et la politique ne change rien à l'affaire, plus d'un millier d'hommes rendre la justice, selon ce que leur cœur, soudain, leur disait. Élisabeth, une chanteuse du Berry, s'accompagnant de son accordéon, chanta la belle *Chanson pour Raymond et Gabriel*[1] :

« Il paraît que l'on est
Tous égaux sous le soleil
Moi j' vois bien qu'il brille pas
Pour tout l' monde pareil
Ça dépend qui l'on est
Et comment on s'appelle
Allez le demander
À Raymond et Gabriel. »

Alors tous se levèrent pour une longue, longue acclamation. Mais à qui le dolorisme, même poignant, de cette foule, de ces innocents, aurait-il pu faire peur ?

Le 20 juin prochain, il y aura quinze ans de cela. Que s'est-il passé depuis ?

Ils manifestèrent les Berrichons du comité de soutien ; la cause des huit de Mézières était juste, était vraie, pourquoi le monde entier, c'est-à-dire Paris, ne l'aurait-il pas reconnu ? À plusieurs reprises, ils montèrent, par cars entiers, dans la capitale et s'épou-

1. Paroles de Rolland Hénaut, musique d'Élisabeth.

monèrent sur la place Vendôme, mais il ne parut personne aux fenêtres de la Chancellerie. Les pétitions ? Même avec seize mille signatures ou davantage, elles vont à la corbeille, toujours.

Le 27 novembre 1983, des centaines de personnes se rendirent de la mairie des supplices à la ferme de Prends garde à toi. On en parle encore, au comité, de la marche de Mézières-en-Brenne, à laquelle beaucoup d'élus locaux participèrent, ainsi que Michel Sapin et Amédée Renault, députés PS de l'Indre. Sur des pancartes, on lisait : « Badinter que fais-tu ? » Le garde des Sceaux dit un peu plus tard et comme en confidence à Amédée Renault et Michel Sapin :

— Que voulez-vous, trois cours d'assises ont jugé !

En février 1986, il reçut Jean-Paul Thibault, en présence de quatre directeurs du ministère. Il dit à l'avocat du comité de soutien :

— Mon cher confrère, vous avez trois quarts d'heure, plaidez-nous l'affaire Mis et Thiennot.

Quand il en eut terminé avec les arguments de son dossier, Jean-Paul Thibault ajouta :

— Une considération toute humaine, pour terminer. Croyez-vous que ces huit hommes, s'ils avaient menti, auraient pu répéter toujours la même chose pendant tant d'années sans se trahir, sans se couper ?

À la veille de son départ de la Chancellerie, Robert Badinter fit adresser à la Cour de cassation la requête suivante, en date du 19 février 1986 :

« J'ai l'honneur de vous faire parvenir sous ce pli, avec le dossier de la procédure et des documents annexes, une expédition de l'arrêt rendu le 5 juillet 1950 par la cour d'assises de la Gironde qui a condamné Raymond Mis et Gabriel Thiennot à quinze ans de travaux forcés et dix ans d'interdiction de séjour pour meurtre.

« Deux requêtes en révision ont été successivement présentées dans l'intérêt des condamnés.

« Les arguments allégués au soutien de l'une et l'autre de ces demandes ont fait l'objet d'enquêtes approfondies.

« Au vu des éléments contenus dans ces requêtes et des résultats des vérifications entreprises — particulièrement en ce qui concerne le témoignage invoqué dans la deuxième demande — et après avoir recueilli l'avis de la Commission de révision des procès criminels et correctionnels, je vous prie de bien vouloir, conformément aux dispositions de l'article 623 du code de procédure pénale, déférer cette décision à la chambre criminelle de la Cour de cassation sur le fondement de l'article 622-4° de ce même code.

« J'attacherais du prix à être tenu informé de la décision à intervenir.

« Robert Badinter. »

La défaite des socialistes aux prochaines élections législatives était prévue, cette requête n'avait aucune chance d'aboutir.

Le comité de soutien, Jean-Paul Thibault et Me Liard, du cabinet Lyon-Caen, avocat à la Cour de cassation, articulèrent la demande en révision sur plusieurs points, dont le témoignage de Juliette Dessart affirmant qu'au moment du procès de Poitiers, Paulette Brunet lui avait raconté comment, le soir du 29 décembre 1946, son père Désiré Brunet avait descendu le garde Boistard, à Prends garde à toi à la suite d'une dispute sur la politique et les charmes trop convoités de Louise Boistard. Il y a sans doute quelque chose de vrai dans ce témoignage, mais quoi ? L'argument dernier, que Paulette Brunet a toujours opposé, aussi bien à Juliette Dessart et à d'autres, qu'à sa propre fille Nicole, au cours d'une émission de télévision :

— J' peux quand même pas dire que c'est mon p'pa !

Revenons à la demande de révision de 1988, et aux deux arguments les moins discutables : la montre de Boistard, qui ne pouvait indiquer l'heure du crime et le témoignage du gendarme Fernand Sarazin voyant arriver la camionnette des chasseurs, à Mézières, le 29 décembre, à 17 heures. Ce témoignage bien réel contredisait l'heure du crime, fictive, elle, que le commissaire Daraud avait retenue pour échafauder toute l'accusation.

La Cour de cassation rejeta, le 25 juin 1988, au prétexte que l'heure de la mort du garde n'avait jamais été déterminée avec précision. Les conseillers de la haute juridiction admettaient donc que l'enquête ne reposait sur rien tout en rejetant la demande de ceux qui avaient été condamnés sur les conclusions de cette enquête sans fondement.

Le 29 novembre 1989, la loi sur la révision des affaires pénales fut modifiée « exprès pour Mis et Thiennot » paraît-il. Dans un texte qui ne prévoyait pour obtenir la révision d'un procès que l'apparition d'un fait nouveau, on introduisit la notion de doute.

Gabriel et Raymond avaient assisté au débat de l'Assemblée nationale sur « leur » loi. Le 16 décembre suivant, à Lyon, où se tenait un colloque de magistrats, ils furent présentés au garde des Sceaux du moment, Pierre Arpaillange. Gabriel raconta aux journalistes :

« Nous étions en train de distribuer nos tracts, quand une jeune femme arrive et nous dit : "Messieurs, vous allez être reçus par le ministre à 14 h 30."

« On nous a fait monter au premier étage et là, nous sommes rentrés dans une pièce où nous attendait le ministre. Je me suis avancé et, comme il me tendait la main, je la lui ai serrée et, la gardant dans la mienne, je lui ai dit :

"Monsieur le ministre, vous avez été longtemps magistrat et je ne sais pas si au cours de votre carrière vous avez serré la main d'un coupable, mais aujourd'hui, je vous l'affirme, ce n'est pas une main de coupable que vous serrez, car Mis et Thiennot sont innocents." C'est alors que Pierre Arpaillange m'a répondu : "Je n'en ai jamais douté." Puis, me prenant par l'épaule, il m'a conduit à une chaise pour me faire asseoir. »

En 1993, en vertu de la loi, dite « Mis et Thiennot », la nouvelle commission des affaires pénales de la Cour de cassation eut à examiner une demande de révision qui reprenait les arguments soumis une première fois à la Cour. Cela se passait en petit comité, les conseillers et leur président Pierre Guerder d'un côté d'une table, de l'autre, Raymond, Gabriel et leur avocat Me Frédéric Thiriez. Après ces débats intimistes, Gabriel dit, quand la commission se retira :

— Nous nous battrons jusqu'à la mort !

Et Guerder :

— Nous voilà prévenus.

La demande fut rejetée le 5 mars 1993. C'était d'autant plus prévisible que les policiers chargés d'enquêter sur place, Gilbert Houvenaghel, inspecteur divisionnaire et Jacques Née, inspecteur principal, n'avaient qu'un but, peut-être même était-ce une consigne : discréditer les témoignages et le comité de soutien.

Pierre Gréard, président actuel, depuis 1990, de ce comité, rédigea une note sur les procédés des policiers ; note que Frédéric Thiriez, l'avocat à la Cour de cassation, utilisa devant la commission Guerder.

Pierre Gréard écrivit, à propos du témoignage de Fernand Sarazin :

« L'enquêteur dans l'incapacité de contredire les affirmations d'un témoin, selon lequel Thiennot s'était trouvé à Mézières à 17 heures, tente de dévaloriser son témoignage en insinuant qu'il serait alcoolique. Le procédé est particulièrement malveillant, alors que la personne en cause n'est malheureusement plus là pour se défendre et qu'une preuve négative est par nature très difficile à apporter.

« De plus, cette accusation ne repose que sur des rumeurs colportées complaisamment par l'enquêteur. M. Pinal indique (PV n° 4/4) que M. Sarazin "avait la réputation" de boire. Mme Boistard ne dit pas autre chose (PV n° 5/3). Comment aurait-elle pu, d'ailleurs, en dire plus, puisque le gendarme Sarazin a quitté la région peu de temps après l'enquête, tandis que Mme Boistard est restée à Mézières ? Quoi qu'il en soit, ces "on-dit" se transforment en affirmations dans le rapport de l'enquêteur. »

Et à propos de la composition du comité de soutien :

« Il est pour le moins surprenant de lire sous la plume de l'OPJ que le comité de soutien pour la révision du procès Mis et Thiennot est "à forte dominante du parti communiste" (note page 6) comme si cette question avait quelque chose à voir avec l'innocence ou la culpabilité des intéressés.

« Il est encore plus choquant d'entendre cet enquêteur dire à Mme Dessart (PV n° 4/09) : "Nous nous devons de vous dire que l'étude que nous avons faite sur le comité de soutien Mis et Thiennot fait clairement apparaître une large appartenance au parti communiste de ses membres. Vous-même, avez-vous été membre ou sympathisant de ce parti politique ?", comme si l'appartenance à ce parti suffisait à jeter un doute sur la sincérité de ses déclarations !

« Sommes-nous revenus aux pires moments de la guerre froide ou du maccarthysme, pour que soient posées des questions — et glissées des insinuations — de cette nature ? Faut-il justifier de sa non-appartenance au parti communiste pour être pris au sérieux par la police judiciaire ? »

Pierre Gréard est un petit homme aux yeux clairs, à la moustache drue, la ride profonde aux joues et casqué de cheveux argent. C'est un pète-sec, un battant, un utopiste comme il en faut ; il croit en la possibilité d'une justice plus équitable. C'est un libertaire, il le dit lui-même ou, si l'on préfère, il a fait comme quelques autres, son parti de lui seul. Il se destinait à la carrière des armes, pour suivre son grand frère, mais alors qu'il était jeune officier, avec déjà des bouts de guerres coloniales derrière lui, son frère cadet fit de l'objection de conscience et fut incarcéré, mis au cachot. On ne les gâtait pas, les objecteurs, dans les années 50. Pierre Gréard intervint en faveur de son cadet et il comprit aux réactions de ses supérieurs qu'un bel avenir l'attendait dans la vie civile. Il a travaillé et bourlingué de longues années comme journaliste d'entreprise d'une multinationale très connue dans les travaux publics. Il fut aussi de ces Français, non pas d'Algérie, mais qui avaient à vivre là-bas et qui croyaient, non pas à l'Algérie française, mais à d'autres solutions que celle qui fut choisie pour la fatalité de tous. Au moment de l'indépendance, Pierre Gréard fut de ceux, dont on a peu parlé, que captura Yacef Saadi, surnommé « le tueur de la Casbah » pendant la bataille d'Alger. Il avait ses tortionnaires, Yacef Saadi, comme tout le monde, pourrait-on dire, et si Pierre Gréard a choisi de devenir président du comité de soutien aux suppliciés de Mézières-en-Brenne, il le doit en partie aux sévices qu'il subit en ces temps lointains mais qui restent toujours présents quand on a dû en vivre le pire.

Tout cela pour conclure qu'un homme de cette qualité, et dont j'espère n'avoir pas trahi l'image, n'est pas et ne peut pas être, passé un certain âge, occupé de mesquineries politiques quand il prend la responsabilité de mener une affaire aussi ardue que celle de Raymond et de Gabriel.

Avant les policiers truqueurs de 1992, Pierre Gréard eut affaire aux Lebaudy, dès le début de sa présidence, en 1990, par l'intermédiaire d'un homme de loi. À la veille de la représentation de *M et T une machination* de Nicole Pinglaut, en juillet 1990, un huissier vint, au nom des descendants du sucrier, exiger communication du texte.

Pierre Gréard éconduisit l'huissier en disant :

— Des diffamations ! ils craignent des diffamations ! mais cela fait quarante ans qu'ils nous diffament, eux !

Le spectacle fut donné le 18 juillet 1990, dans la cour des communs du château d'Azay-le-Ferron, un endroit magnifique où siège le centre d'initiation à l'environnement que dirige Léandre Boizeau. La pièce de Nicole Pinglaut a connu un grand succès populaire.

La seconde affaire avec les Lebaudy fut plus sérieuse. Raymond et Gabriel ont été très médiatisés pendant quelques années et le 26 septembre 1990, ils passèrent sur TF1 à l'émission de Jean-Pierre Foucault « En quête de vérité ». Gabriel Thiennot et Gervais Thibault, qui était lui aussi intervenu au cours de l'émission, furent poursuivis par les héritiers

Lebaudy pour diffamation. Le tribunal de grande instance débouta les Lebaudy, la cour d'appel confirma, considérant « que d'une manière générale les propos incriminés ne visent ni directement ni indirectement à nuire à la famille Lebaudy, mais qu'ils s'insèrent dans une démonstration tendant exclusivement à établir l'innocence de Raymond Mis et Gabriel Thiennot ».

La cour d'appel réforma le jugement de première instance et au titre de l'article 700 du nouveau code de procédure civile condamna les Lebaudy à payer à Gabriel Thiennot et Gervais Thibault de même qu'à TF1 et à la société productrice GLEM une somme de cinq mille francs à chacune des parties. Les Lebaudy firent cassation et la cour statua en décembre 1993.

L'arrêt devait être rendu dans les jours qui suivirent mon arrivée à Saint-Genou. Je dis à Émile :

— Les Lebaudy seront déboutés et les magistrats montreront ainsi à tous ceux que l'affaire agite encore que désormais, eux, les juges, ferment la porte. Qu'on s'appelle Lebaudy ou Mis et Thiennot.

Ce qui arriva. Et ce fut l'une des dernières satisfactions de Gervais Thibault : il aurait au moins gagné une fois contre Lebaudy. En ce mois de décembre 1993, Émile m'annonça :

— Tu sais, Gervais, mon frère, ce sera bientôt fini. Ça fait cinq ans qu'il endure. Un cancer des os. Mais là, il ne traînera plus.

Gervais Thibault mourra le 8 mai 1994. Sa mort et ce qui s'ensuivit sera mon épilogue. Mais il faut d'abord que je parle de mes relations avec les Thibault. Au début du printemps 1980, Gérard, le fils d'Émile, qui vivait déjà à Paris, cherchait à intéresser la presse nationale à l'affaire, au comité de soutien ; et il se cassait le nez. Frédéric Pottecher lui conseilla de m'appeler ; sans doute se souvenait-il de *L'Erreur judiciaire,* un livre que j'avais publié sur la fin des années 60. J'espérais ainsi aider comme je pouvais le père jésuite Robert Boyer dans sa campagne en faveur de Jean-Marie Deveaux, le commis boucher de Bron-Parilly, condamné à vingt ans de réclusion, et qui sera jugé à nouveau, après cassation, en 1969 et acquitté.

En 1980, tout cela était loin, mais j'avais eu l'occasion de constater que *L'Erreur judiciaire* (sous-titre : *Un fait, une menace, une habitude*) intéressait toujours et n'avait pas vieilli. À travers l'affaire Deveaux et celle d'Agapito Solera, réhabilité, lui, de façon solennelle par les assises de la Sarthe, au Mans, j'avais essayé de traiter les différents aspects de la justice pénale, quand elle se dévoie, de l'enquête initiale à la délibération et mon bouquin, ma foi, tenait le coup. Bref, Gérard Thibault m'appela.

J'occupais alors les fonctions de chroniqueur judiciaire à *L'Aurore,* journal qui disparaîtrait, en tant que tel, quelques mois plus tard. Ce qui explique, peut-être, par l'atmosphère de fin de règne qui dissolvait tout, que j'ai pu aller contre les tendances de la direction et publier, le premier de la presse parisienne, trois articles sur l'affaire Mis et Thiennot, considérée encore, à l'époque, comme « une histoire communiste ».

Gérard Thibault vint me chercher à la rédaction ; au bistrot, il me donna le livre de Léandre Boizeau, puis il parla, parla et pleura. Si ce livre lui est dédié, c'est un peu en souvenir de cette première rencontre où je vis, non sans révolte, un garçon de vingt-deux ans essayer de porter tant bien que mal cette horreur de Mézières qui le dépassait, qui le transperçait. Son père avait commencé à lui en parler alors qu'il avait dix ans.

Je connus Émile, trois jours après, à Saint-Genou où j'étais descendu avec Gérard, dans sa 2 CV, pour voir ces innocents qui, en effet, l'étaient ; il suffisait de les regarder.

Émile Thibault, né le 27 août 1920, est entré, maintenant, dans sa soixante-quinzième année. Il y a quinze ans, quand j'ai fait sa connaissance, il portait encore sa blouse de marchand de bestiaux. Petit, râblé, une bonne grosse tête, le sourire large et le nez pointu, il avait sous sa casquette le regard qui scrutait, à en être indiscret, même. Sa voix et son langage étudiés sentaient, c'était curieux, leur collège des bons pères, qu'il n'a jamais fréquenté pourtant. Un Berrichon bonhomme grandeur nature, en somme. Il est très éloigné de cette apparence.

Il vient du patriarcat, Émile, il en est même tout entier. À preuve, ce mot : « Je sais de quelles braguettes je suis sorti. » Disant cela, il pense à son père, bien sûr, Émile Thibault, le maréchal-ferrant, mais c'est le grand-père Allard, Gus Allard, qui va et vient dans sa mémoire et qu'il admire comme un modèle.

Auguste Allard n'était pas bien haut, un mètre soixante-trois, « le seul obèse que j'aie jamais vu mourir à quatre-vingt-onze ans » me précise Amédée Renault, qui est d'Ecueillé, tout à côté, et fit sa carrière de docteur vétérinaire dans le pays. Il a été trente-cinq ans maire de Pellevoisin, à neuf kilomètres de Saint-Genou. Heugnes où naquit Émile est à onze kilomètres, Villegouin, pays des Thibault, à six kilomètres. Les destinées des deux familles s'entrecroisent dans ces limites cantonales.

Côté Thibault, le grand-père Émile, charron comme son frère Sylvain, le mari de tante Anna, épousa Clarisse Moreau. Par ces Moreau, l'Émile de notre histoire, il a tenu à en avoir la preuve, fait partie de la parentèle de Georges Bernanos dont la mère Hermance

Moreau était de Pellevoisin où l'écrivain repose dans un caveau familial. Un oncle d'Émile, Henri Thibault, était reçu à Paris chez Bernanos, le tapissier, qui avait connu sa future femme Hermance alors qu'elle était chambrière d'une des La Rochefoucauld, dont le château du Mée était proche de Villegouin.

Parmi les enfants du grand-père Émile Thibault, il y avait enfin Marie, la tante Marie ! Née en 1885, elle mourra le 7 juillet 1955, atteinte autant que d'une maladie par l'affaire et la tragédie de ses neveux Émile et Gervais. « Ah ! le rire de la tante Marie ! » dit souvent Émile. C'était la demoiselle de Villegouin, l'écrivain public et qui tenait, auprès de l'église, l'épicerie, le tabac et la cabine téléphonique (elle reçut une médaille pour ce service-là). Elle allait à la messe tous les dimanches. « Mais elle était plutôt de gauche, une chrétienne de gauche de son temps », pense Amédée Renault qui aimait à venir converser avec elle. On la disait érudite et son arrière-boutique était en fait un salon confortable où elle recevait ; et avant la guerre, les demoiselles des châteaux y passaient des après-midi. Le 7 juillet 1955, elle balaya devant sa porte comme tous les matins, dit quelques mots à sa voisine puis se passant la main sur le front : « Je rentre, je suis un peu fatiguée. » L'instituteur venait prendre le café avec elle tous les matins. Quand il arriva, la cafetière débordait sur le gaz et la tante Marie dans son fauteuil était morte. Émile prévenu tout de suite arriva. La tante avait laissé trois lettres à envoyer sur la cheminée, il alla les poster. « Elle aimait tant écrire », dit-il.

Le père d'Émile, pour en terminer avec la branche Thibault, était maréchal-ferrant, nous l'avons dit, et compagnon du Tour de France ; avant 1914, il était chargé chez Magisson, éboueur à Clichy, de l'entretien des chevaux de la ville de Paris ; il les ferrait la nuit. Il se maria à trente-sept ans avec Marie Allard, en 1919, ayant attendu, pour ce faire, la fin d'une guerre qu'il n'avait pas faite, étant trop gros (cent vingt kilos). Après le mariage, le couple s'installa à Émancé, près de Rambouillet. Il reste un souvenir de ces temps-là, un cliché tiré dans les années 30 par un photographe ambulant : les Thibault, Émile, le gros, Marie, la distinguée, sont assis dans une charrette à cheval. Le père, moustachu et souriant, tient les guides, la mère, grave, semble penser à ses deux garçons que l'on aperçoit au fond de la voiture habillés « en dimanche ». Émile, alors, devait bien avoir ses treize ans, donc Gervais, dix. Après ce fut Épernon, l'hôtel-restaurant des parents et la vocation de bouchers qui vint aux deux garçons. La vie était bonne, les Thibault prospéraient.

La guerre sépara Émile de la famille. Il voulut gagner l'Angleterre, passa la ligne de démarcation et vécut toute l'Occupation dans le Boischaut-Sud, jamais bien loin de Gus Allard et de sa femme, la petite, peu causante, mais fine, Marie Sauvaget. « C'est du côté des Sauvaget que vient l'intelligence » pense Madeleine, la femme d'Émile. Et lui ne dit rien, mais le Gus Allard, quand même, c'était quelqu'un !

Il eut quatre filles, Auguste Allard, et un garçon appelé Auguste comme lui, qui fut tué à vingt-trois ans, le 6 février 1915 en Belgique. Dès qu'il apprit cette mort, il courut chez son beau-frère Renaud, et lui montra le télégramme qui lui annonçait la nouvelle : « On y va, je veux le voir. » Ils arrivèrent là-bas, à Malo-les-Bains ; on venait d'enterrer le garçon. Gus, au cimetière, se trouva devant une fosse et on lui expliqua :

— Il est là. Il y en a cinq avec lui. Il est dessus.

Il insista auprès du gardien :

— Je veux le voir. Tu fermes les portes du cimetière. On va le déterrer.

Ce que l'on fit. Gus dit alors :

— Il faut trouver un cercueil de plomb. Je veux qu'il revienne à Heugnes.

Ce fut impossible, mais toute sa vie, Marie, la mère d'Émile, alla sur la tombe de son frère, à Malo-les-Bains.

Une dernière anecdote sur le caractère de Gus Allard, le patriarche obèse. Il se mettait hors de lui dès qu'il croisait son frère Ernest. Ils s'insultaient tous les deux, en venaient parfois aux mains. Histoire de famille, comme tant d'autres, de deux grands fermiers aussi capables, mais aussi âpres l'un que l'autre, sauf qu'Ernest, plus urbain, était cupide et qu'Auguste, le rugueux, avait de la générosité.

Gus ne plaisantait ni avec la propriété, ni avec ses quatre filles, Marie, Eugénie, Yvonne, Germaine. Un soir qu'elles rentraient de l'école d'Heugnes à quatre kilomètres et où elles allaient à pied, l'une d'elles rapporta une pomme. Auguste en demanda la provenance : la petite avait pris la pomme sous les arbres à Savart, un voisin. Alors Auguste :

— J'entends que demain matin cette pomme soit remise là où tu l'as prise.

Émile aime beaucoup cette histoire du patriarche Gus, chez qui il naquit dans l'immense ferme, la Grande Duranderie, sur la commune d'Heugnes, au hameau dit du Gardon frit. La Grande Duranderie valait, en 1924, quatre cent cinquante mille francs.

Un souvenir d'enfance d'Émile :

— Il a toujours été lourd, le grand-père, il a toujours eu du mal à marcher. Je le suivais partout. Et à la chasse, alors là, il fallait nous voir ! Deux jours avant on devait graisser ses gros brodequins pour qu'il n'ait pas mal. Au moment du départ, je lui laçais ses chaussures et en route ! On ne restait pas longtemps dehors, une heure et demie, avec les chiens — des petits —, Ramono et Tanbelle. Il savait où trouver le gibier, le grand-père. Il allait juste où il devait avec son fusil en bandoulière et s'aidant de sa canne. Quand il était en position, le fusil au poing, moi je portais la canne.

Gus Allard fit don de son fusil à Émile, plus tard. À la chasse du 29 décembre, il avait ce fusil-là. Dès sa liberté provisoire d'avril 1947, il demanda au grand-père la permission de vendre l'arme. Il en obtint trente mille francs, une somme ! Émile dit à un ami bijoutier : « Fais-moi une chevalière en or de ce prix-là. » Il la porte les jours de sortie.

La chronique familiale d'Émile et de Gervais Thibault explique pourquoi il y eut tant de rebondissements dans l'affaire Mis et Thiennot. De par ce qu'ils représentaient, les Thibault constituaient une force sociale qui fut toujours en opposition avec les puissants ; lutte sournoise et d'autant plus féroce que les relations entre les châteaux et la paysannerie marchande se limitaient à des rapports d'affaires.

Quand le livre de Léandre Boizeau parut, Émile fut un jour appelé par la comtesse de Vaugelas à qui il achetait des bêtes. Ils se connaissaient depuis longtemps, la comtesse et Émile. Ils parlèrent et ce fut Mme de Vaugelas qui dit :

— Émile, dites-moi, vous avez entendu parler d'un livre sur cette affaire, vous savez bien...

— Oui, madame la comtesse.

— On en parle beaucoup dans notre milieu.

Émile la laissa dire puis :

— Vous avez vu, madame la comtesse, il est question dans le livre des frères Thibault.

— Mais oui, fit la comtesse.

— Eh bien, c'est nous, madame la comtesse, mon frère et moi.

Et l'on parla de l'affaire pour laquelle Mme de Vaugelas avait appelé Émile.

Cette chronique familiale des Thibault explique aussi le drame bien à lui d'Émile et dont l'affaire a été la cause. Sur la colline de Saint-Genou, l'on voit une lanterne des morts, du XIIe siècle, une espèce de tour au sommet de laquelle on allumait un feu pour signaler un lieu de sépulture. Elle figure sur la carte Michelin 68 et elle est enclavée dans une propriété qu'on appelle Estrée et qui appartient à Émile Thibault. Il y a fait rebâtir une grande maison, le jardin d'agrément, avec ses arbres fruitiers et ses massifs de fleurs, est son œuvre, les prés tout autour sont à lui, il a un petit étang, « une fosse » dans le contrebas. Ici, il éleva des chevaux, des moutons. Ici, il vécut avant de redescendre à l'épicerie familiale de sa femme, Madeleine, née Badaire et à laquelle succède maintenant Geneviève, quarante ans, sœur aînée de Gérard. Émile monte tous les jours à Estrée et c'est là qu'il reçoit dans la beauté des choses. Mais combien de fois, comme je lui rappelais qu'on était bien, ici, combien de fois ne m'aura-t-il pas répliqué, plutôt rogue, parce qu'il porte cela comme une béance au fond de lui :

— S'ils ne m'avaient pas cassé les pattes avec cette affaire, sûr que j'aurais bien autre chose que ça, sûr !

Et la chronique familiale le dit que, selon une mathématique sociale, il aurait dû sortir des Thibault-Allard, un jour ou l'autre, un notable, un gros du coin. Et Émile se sentait de taille à devenir celui-là. Il y eut l'affaire, il dépensa avec Gervais beaucoup de force, beaucoup d'argent pour tenter de mettre en échec l'ennemi de toujours, que l'on ne nomme jamais, le puissant, le seigneur. Et tout cela, pour en arriver à dire et à redire :

— Dans sa tombe, il est toujours plus fort que nous, Lebaudy.

N'empêche que sans l'hospitalité et le concours des Thibault qui se compléta de l'aide efficace, toute dévouée de Pierre Gréard, ce livre n'aurait jamais pu être. Au bout de tant de fausses espérances, Émile et les autres espèrent encore ! Mais là, je n'y suis pour rien.

ÉPILOGUE

LA CONFESSION DE GERVAIS

Je suis revenu à Saint-Genou pour commencer mon enquête le 4 mai. Le 8, Gervais Thibault s'éteignit. Pierre Gréard eut alors l'idée d'organiser pour le dimanche suivant une cérémonie à la mairie de Mézières-en-Brenne. Chacun apporterait une rose et la déposerait sur le chemin que Gervais et ses sept compagnons parcoururent tant de fois sous leurs couvertures jusqu'au 8 janvier 1947.

La cérémonie fut fixée au dimanche 15 mai, à 15 heures. Sous le soleil, ils furent deux cents et un peu plus de deux cents, comme au procès de Poitiers : ceux de la génération des huit de Mézières ; des plus jeunes aussi, dont des enfants et petits-enfants de Paulette Brunet. On signait un registre sur une petite table que l'on avait placée à l'angle de la gendarmerie. Une photo de Gervais sur cette table, derrière laquelle se tenaient Gabriel et Léandre Boizeau, avec, en retrait, son chapeau à la main, Jean Blanchet, le plus effacé de ceux de Mézières.

Très loin de la Brenne, Hélène et Stanislas Mis, à Grenoble, avaient écrit à Châteauroux à leur amie Pierrette pour lui demander d'acheter et de déposer en leur nom deux roses sur les marches de la mairie. Ce que Pierrette fit. Elle reçut dans la semaine un mot d'Hélène où il est écrit :

« Pierrette, excuse-moi de n'avoir pas envoyé le chèque de suite. Entre la peine et l'émotion, nous n'avons pu écrire ; trop de bouleversements et de souvenirs qui nous serrent le cœur.

« Le dimanche où le comité de soutien avait appelé à se recueillir, Stan et moi-même, à l'instant où sonnaient 15 heures dans un petit village de montagne, nous nous sommes recueillis et nous avons fait une prière au pied d'une croix. Notre pensée était pour Gervais, mais aussi avec sa femme, ses enfants et bien sûr Émile et les siens, sans oublier tous ceux qui sont passés par cette terrible douleur qui a été la leur et qui a désuni parfois quelques familles. Malgré tout dans mon cœur je prie beaucoup pour que la vérité éclate.

« Hélène. »

Deux mois avant sa mort, Gervais avait été hospitalisé une dernière fois, dans une clinique, à Tours où il habitait. « C'est un mouroir » disait-il de cet endroit. Et il avait ajouté à l'adresse d'Émile et de Madeleine Thibault :

— Je me suis à moitié confessé, à vous de voir pour le reste.

Il reçut dans cette clinique la visite d'un prêtre. Il dit à l'ecclésiastique de la dernière heure :

— Je ne peux pas me confesser, monsieur le curé, je suis baptisé, j'ai fait ma première communion, je me suis marié à l'église, mais je ne crois plus.

Étonnement du prêtre.

— Vous connaissez Paul Touvier ? lui demanda Gervais.

— Non, fit le prêtre, alors que l'on était en plein dans l'affaire du chef milicien que l'abbaye de Saint-Cyran, à Saint-Michel-en-Brenne, cacha souvent.

Gervais demanda alors :

— Et Jean Lebaudy ? Vous connaissez ce nom ?

Et le prêtre aussitôt :

— Oui, je connais.

Gervais lui dit :

— Eh bien, je ne crois plus, monsieur le curé, parce qu'il y a plus de quarante ans que je subis une injustice par la faute de M. Jean Lebaudy.

Note de l'auteur : ce manuscrit a été remis à l'éditeur le 29 décembre 1994. Sans que je l'aie prémédité, cela tombait, jour pour jour, quarante-huit ans après la chasse du 29 décembre 1946, au cours de laquelle ne fut tué qu'un lapin.

TABLE DES MATIÈRES

Achevé d'imprimer par GGP
pour le compte de France Loisirs,
Paris
en octobre 1995

Dépôt légal : novembre 1995
N° d'éditeur : 26655
Imprimé en Allemagne